지구와 인간의
생명줄
물

미래생각발전소 10 지구와 인간의 생명줄, 물

초판 1쇄 인쇄 2014년 5월 20일
초판 4쇄 발행 2017년 6월 20일

글쓴이 박현철 | **그린이** 이선미
펴낸이 박혜숙 | **펴낸곳** 미래M&B
편집책임 이지안 | **편집** 김제수 | **디자인책임** 이정하
기획 김민지 | **영업관리** 장동환, 김하연
등록 1993년 1월 8일(제10-772호)
주소 서울시 마포구 동교로 134 미진빌딩 2층(서교동 464-41)
전화 02-562-1800 | **팩스** 02-562-1885
전자우편 mirae@miraemnb.com | **홈페이지** www.miraei.com
트위터 @miraeibooks | **블로그** blog.naver.com/miraeibooks
ISBN 978-89-8394-765-9 74300 | ISBN 978-89-8394-550-1 (세트)
값 12,000원

글 ⓒ박현철, 2014 그림 ⓒ이선미, 2014
사진 ⓒ게티이미지

* 잘못 만들어진 책은 구입처에서 바꾸어 드립니다.
* 이 책은 저작권법에 따라 한국 내에서 보호받는 저작물이므로 무단 전재와 복제를 금합니다.

아이의 미래를 여는 힘, **미래i아이**는 미래M&B가 만든 유아·아동 도서 브랜드입니다.

○ 머리말

물은 생명입니다

생명은 어디에서 온 것일까요?

생명의 기원을 탐구해 온 과학자들에 의하면 바다가 생명의 고향이라고 합니다. 바다에서 최초의 생명체가 발생했고, 그들이 진화해 바다를 가득 채우고 마침내 땅에 올라와 지구를 온갖 생물들로 번성하게 만들었다는 것이지요. 그래서 바다에서 태어난 우리 생명체들은 몸속에 바다의 흔적을 지니고 있다고 합니다. 그래서일까요? 우리 몸속의 피와 바닷물을 구성하는 물질들의 비율이 놀랍도록 닮았습니다. 우리 몸에 새겨진 '고향의 흔적'일 테지요.

물 없이 살 수 있는 생명은 하나도 없습니다. 사람도 매일 소변이나 땀, 눈물 등으로 배출된 양만큼 물을 마셔야 살 수 있습니다. 사람만 그런 것이 아니고 지구에서 살아가는 모든 생명체들은 물이 필요합니다.

그런데 지금 물이 위기에 빠졌습니다.

물을 더 가지려고 인류가 전쟁을 불사하는 갈등에 빠졌기 때문입니다. 석유와 같은 화석 연료를 너무 많이 사용한 탓에 우리가 사용하는 물을 만들고 순환시키는 지구의 기후가 변했고, 기후 변화로 예측할 수 없는 홍수와 가뭄이 지구 곳곳에서 잦아졌기 때문입니다. 농약과 비료, 유독성 산업 폐기물 등으로 자연이 오염되어 그곳의 물도 따라서 오염되고 있는 까닭입니다. 더 많은 물을 더 편하게 이용하려고 강물의 흐름을 바꾸고 물길을 토

막내는 댐과 수로를 너무 많이 지어서 오히려 물을 낭비하고 수질을 오염시키는 일들이 지구촌 전체에서 벌어지고 있는 탓입니다. 그러는 사이 힘없고 가난한 나라의 사람들이 깨끗한 마실 물을 구하지 못해 더 많은 고통을 받고 있습니다. 인간들의 물 독점으로 다른 동식물들은 물 부족과 물 오염으로 멸종하는 일도 되풀이되고 있습니다.

물의 위기를 해결하기 위해 무엇을 해야 할까요?

물의 민주주의를 이룩해야 합니다. 물을 이용할 권리는 부자이거나 가난하거나 강대국이거나 약소국이거나 모든 사람과 사회가 똑같이 가진 기본권임을 서로 인정해야 합니다. 물 앞에 모든 사람이 평등함을 인정해야 합니다. 물을 이용할 더 특별하고 큰 권리를 인류가 가졌다고 생각하고 다른 생물들의 권리를 무시하거나 빼앗지 말아야 합니다. 물 앞에 모든 생명이 평등하다고 인정해야 합니다. 이런 것이 자연 생태계의 안정을 지키는 물의 민주주의입니다. 우리 모두가 물 민주주의자가 되어야 물을 안전하고 건강하게, 그리고 평화적으로 이용하는 길이 열릴 것입니다.

여러분은 물 민주주의자가 될 마음의 준비가 되었나요? 지금부터 물 민주주의의 미래를 위한 여행을 떠납시다.

박현철

○ 차례

머리말 … 4

1장 물의 역사
물의 탄생, 생명의 탄생   12
지구의 날씨와 기후를 만드는 물, 바다   17
강에서 일어난 고대 문명   20
먹는 물의 역사   26

2장 물이 부족해!
지구는 목 말라!   38
가난한 사람들의 물 빈곤   43
물 아끼는 기술이 식량을 늘린다   47
생각발전소 그레이트 헝거   52
물은 인류만의 것이 아니다!   54

3장 물 위기의 현실
물을 더럽히는 것들   62
물 낭비와 과소비   69
육식이 물을 낭비한다고?   73
무분별한 지하수 이용   78
물 위기 부르는 기후 변화   84

4장 댐과 수로, 그리고 물 분쟁

더 많은 댐이 물 위기를 해결할까?	92
생각발전소 세계에서 가장 거대한 댐	98
아랄 해를 말려 버린 대수로 사업	100
중동 전쟁은 물 전쟁	106
국제 하천을 둘러싼 갈등과 분쟁	112

5장 물의 미래

생수는 믿을 수 있는 물인가?	120
생각발전소 수돗물의 안전성 문제	128
국가표 수돗물과 회사표 수돗물	130
물을 아껴야 미래를 지킬 수 있다	136
우리나라는 물 부족 국가?	138
물의 미래와 민주주의	144

물은 생명의 근원이다.

물의 탄생, 생명의 탄생

아침에 일어나면 제일 먼저 하는 게 뭐니?
세수? 화장실 가는 거? 사람마다 차이가 있긴 하지만 대체로 화장실 가서 볼일 보고, 세수하고 밥 먹고 학교나 일터로 가는 게 우리 아침풍경일 거야. 설거지도 하고, 세탁기를 돌리거나 청소도 하고 말이야. 누군가는 바쁘고 누군가는 느긋할 테지만, '이것'이 없다면 불가능한 풍경이지. 그 누구도 하루를 제대로 시작할 수 없거든. 무엇인지 알겠지? 그래, 물이야! 일어나자마자 볼일 본 것을 물로 흘려보내는 것으로 시작해, 잠자기 전 이 닦는 것까지 그야말로 우리는 하루 종일 '먹고, 마시고, 씻고, 빨래하고, 치우는 데' 물을 쓰면서 살고 있어.

물 없는 생활을 상상해 봤니? 아니, 단 하루 만이라도 물 없는 세상이 어떨지 상상해 봐. 세수나 샤워는커녕 마실 물도 없어서 갈증에 신음할 거야. 기계를 식히는 냉각수가 없어서 공장과 발전소가 멈춰 서게 되고, 그러면 전기 공급이 끊기게 돼. 특히 원자력 발전소처럼 물 공급이 안 되면 바로 큰 사고로 이어질 수 있는 위험 시설물들을 생각하면 물 없는 세상은 상상만으로도 정말 끔찍해.

물이 없다면 우리는 일상 생활을 제대로 할 수 없다.

물은 우리의 삶과 생활을 가능하게 하는 절대적인 존재야. 있는 게 너무나 당연해서 우리가 그 가치를 모르고 있을 뿐이지.

이렇게 소중한 물은 어디에서 온 걸까?

우리가 1년 동안 사용하는 모든 물은 대부분 하늘에서 내리는 비나 눈이 높은 산의 빙하나 깊은 산의 숲, 그리고 땅속에 지하수로 저장되어 있던 것들이야. 빙하가 녹은 물이 흘러내리거나, 산과 숲, 지하수에서 흘러나온 물이 강과 시내로 흐르는 것을 정수장에서 퍼 올려서 사용하는 것이지.

물이 생긴 때는 태양계가 생겼을 때와 비슷하다고 해. 거의 46억 년 전에 지구가 속해 있는 태양계가 만들어지기 시작했는데, 막 생겨난 태양 주위에서 여러 종류의 별 먼지들이 거대한 회오리를 일으키며 움직이고 있었대. 그 먼지들 속에는 앞으로 물이 될 수소와 산소 입자도 있었고. 화학에서는 수소를 H로 표시하고 산소를 O로 표시하는데, 수소 2개와 산소 1개가 뭉치면 물(H_2O)이 만들어져.

태양 주위의 별 먼지들이 점점 크게 뭉쳐서 별이 될 때 수소와 산소도 그 별들의 일부가 됐어. 태양에서 멀리 떨어진 별은 온도가 낮아서 그 별의 물은 액체가 아니라 얼음이 됐고, 태양과 가까운 별에서는 너무 뜨거워서 그만 증발해 없어지고 말았지. 지구는 딱 거리가 적절했어. 그래서 지구는 물이 있는 푸른 별이 된 거야.

지구가 만들어졌을 때 물은 지금처럼 액체가 아니었어. 지구가 워낙 뜨거웠거든. 그래서 그 당시 지구의 물은 수증기로 존재했어. 그러다가 시간이 지나면서 지구가 서서히 식기 시작하자 수증기는 비가 되어 내렸지. 그때 지구의 하늘에 떠 있던 모든 물질 가운데 수증기가 80퍼센트나 되었다니 얼마나 많은 비가 내렸을지 짐작하겠지? 그 비가 지구의 바다를 만든 거야.

바다에서는 무슨 일이 벌어졌을까? 학자들마다 의견이 다르지만, 지구의 바다는 번개나 바다 깊은 곳 지구 내부에서 올라오는 열을 이용해서 생명체를 만들어냈다고 해.

광합성은 식물이 햇빛을 받아서 영양물질을 만드는 과정이야. 식물이 광합성을 해서 성장하면 초식동물이 그 식물을 먹고, 육식동물이 초

최초로 광합성을 했던 식물, 시아노박테리아의 등장은 지구에 다양한 생명체가 나타날 수 있는 배경이 됐다.

식동물을 먹는 게 지구에 사는 모든 생명들이 벌이는 먹이 활동의 모습이잖아. 그런 먹이 활동이 계속되기 위해서는 식물들이 계속 자라야 해.

그럼, 최초로 광합성을 했던 식물들의 조상은 누구였을까? 38억 년 전에 바다에 나타난 시아노박테리아라는 세포야.

세포는 생명체를 만드는 가장 작은 단위야. 나중에 이런 세포들끼리 서로 뭉쳐서 다세포 생명체가 되고, 또 이들이 진화해서 우리가 아는 동식물들이 나타나게 돼. 따라서 시아노박테리아가 나타났다는 건 다세포 생명체가 생길 수 있는 터전이 마련되었다는 뜻이지.

그러나 이것보다 더 중요한 의미가 있어. 그건 이들이 광합성을 하고 산소를 만들었다는 거야. 그 덕분에 산소로 숨 쉬는 생명체들이 나타날 수 있었거든. 그리고 4억 6천만 년 전에는 광합성 생명체가 바다를 떠나 육지에 올라왔어. 그때 처음 육지로 올라온 게 이끼류인데, 이들이 모든 육지식물의 조상이 된 거지. 그걸 먹는 동물들도 따라서 바다에서 육지로 올라왔고. 그 뒤 수많은 동식물들이 자기 조상에서 갈라져 나와 지구 생태계를 이루었어.

그러고 보니 모든 생명들이 바다에서 온 셈이네! 그래서일까? 우린 지금까지 단 한 순간도 물 없이는 살 수가 없어. 실제로 우리 몸의 70퍼센트는 물로 되어 있단다. 사람만 그런 게 아니라 지구에 사는 대부분의 생명체는 자기 몸의 70~80퍼센트가 물로 되어 있대.

사람은 하루에 2.5리터의 물을 땀과 소변으로 배출해. 건강하게 살려면 직접 물을 마시거나 음식을 통해 매일 물을 보충해 줘야 해.

만약 몸에서 빠진 만큼 물을 보충하지 않는다면 어떤 일이 생길까? 1~3퍼센트가 부족하면 심한 갈증과 어지럼증에 시달리게 되고, 5퍼센트가 부족하면 혼수상태에 빠지게 되고, 12퍼센트가 부족하게 되면 죽는다고 해. 결국 살아 있는 사람은 다 생명 유지에 필요한 만큼 물을 몸에 가지고 있는 거야.

지구의 날씨와 기후를 만드는 물, 바다

생명을 만든 바다는 오늘날에도 지구의 모든 생명들이 살아가는데 아주 중요한 역할을 하고 있어. 물을 공급하는 날씨와 기후를 만들고 유지하는 게 바로 바다거든.

날씨는 '비가 많이 내렸다, 바람이 세차게 불었다, 잔잔하고 맑았다' 이런 거야. 반면에 '열대, 온대, 아열대, 아한대, 한대 같이 지역별로 비슷한 날씨가 규칙적으로 되풀이되는 것'을 기후라고 하지.

바다는 지구의 날씨와 기후를 어떤 식으로 만들고 유지하고 있을까?

바다는 햇빛을 받아 바닷물을 따뜻하게 덥혀서 수증기를 만들어. 수증기는 따뜻한 공기를 타고 하늘로 떠올라 구름이 됐다가 자기들끼리 뭉쳐서 물방울로 떨어지게 되지. 그래, 비가 내리는 거야. 육지의 강과 시냇물에서도 햇빛을 받아 수증기가 만들어지지만 지구에 있는 모든 물 가운데 거의 97퍼센트가 넘는 양이 바닷물이거나 소금기가 섞인 물이야. 그러니까 비가 100방울 내리면 적어도 97방울 이상이 바다에서 온 셈이지. 결국 바다가 지구 곳곳에 내리는 비와 눈의 원천인 거야. 비와 눈은 우리들이 사용할 물을 제공하고, 날씨를 결정짓는 가장 중요한 요소이기도 해.

그럼 기후를 만드는 가장 중요한 요소는 뭘까? 그건 바닷물 자체의 흐름인 해류야. 해류는 바닷물이 일정한 방향으로 흐르는 것을 말해.

지구에서 햇빛을 가장 많이 받는 적도는 지구에서 가장 따뜻한 지역이야. 반면에 남극과 북극은 지구에서 햇빛을 가장 적게 받는 지역이라 가장 추운 지역이지. 적도의 따뜻한 바닷물과 남북극의 차가운 바닷물은 한곳에 머물러 있지 않고 지구 곳곳을 돌고 있어. 적도의 해류는 온기를 지구에 나눠 주고, 남북극의 해류는 지구를 시원하게 식히는 역할을 해. 따뜻한 해류가 흐르는 지역의 기후는 온난하고, 차가운 해류가 흐르는 지역의 기후는 춥게 되는 거지.

해류는 어떻게 만들어질까? 해류를 만드는 힘은 우선, 바람이야. 바람은 따뜻한 데서 차가운 데로 공기가 몰려가는 거야. 아주 거대한 공기

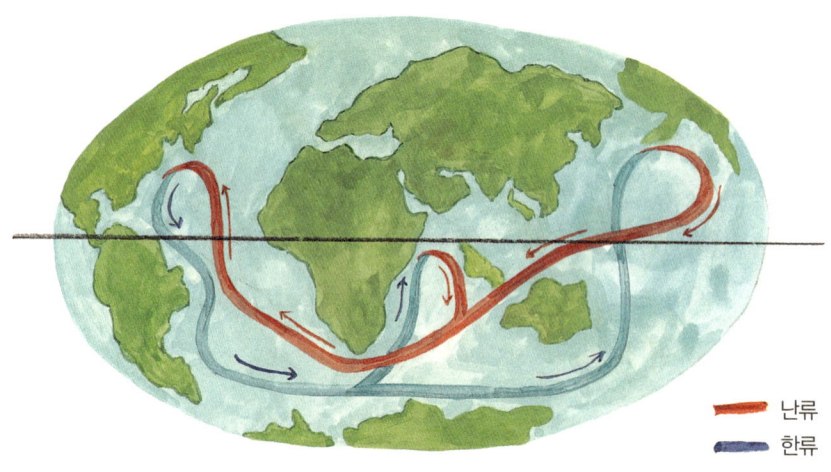

　　　난류
　　　한류

일정한 방향과 속도로 움직이는 바닷물의 흐름인 해류는, 지구의 날씨와 기후를 만들어 우리들이 사용할 물을 제공한다.

의 흐름은 바닷물조차 움직이게 해. 해류를 일으키는 거지.

바닷물의 소금기도 해류를 만들어. 바닷물은 소금기가 많을수록 또 온도가 차가울수록 무거워지는데, 무거워진 바닷물은 가라앉고 그 위에 덜 짠 바닷물이 흘러들어. 그렇게 가라앉을 만큼 차갑고 짠 바닷물이 만들어지는 데가 대서양 북쪽에 있는, 북극과 가까운 그린란드 섬 앞바다야. 이곳을 흐르는 해류는 차갑고 소금기가 많아. 그래서 점점 무거워져서 깊은 바다로 가라앉는데, 계속해서 바닷물이 가라앉으니까 먼저 가라앉은 바닷물은 바다 바닥에 닿은 뒤에는 앞으로 떠밀려 나가면서 깊은 바다의 해류가 돼.

이렇게 움직이기 시작한 바닷물은 남극까지 흘러간단다. 남극에 도착한 뒤에는 남극 바다에서 시계 방향으로 빙빙 돌다가 세계 곳곳의 바다로 다시 흘러나가는 거지. 인도양의 깊은 바다로 흘러가고, 태평양의 깊은 바다로도 흘러가는 거야. 그렇게 바다 깊은 데를 흘러가다가 인도양에서 솟아오르고, 태평양 북쪽 바다에서도 솟아오르는 거야. 이렇게 바다 위의 해류가 바다 밑의 해류로 바뀌어서 지구 곳곳으로 흘러가는 것을 '해양 대순환'이라고 해. 해양 대순환에 걸리는 시간은 1700년이나 된다는구나.

모든 생명의 고향인 바다는 1700년 주기의 여행을 통해 지구에 날씨와 기후를 만들고, 또 비와 눈으로 지구 곳곳에 생명인 물을 전해 주고 있어. 바다가 지구의 모든 물이 시작된 곳, 즉 물의 고향인 것이지.

강에서 일어난 고대 문명

인류가 물을 산업에 본격적으로 이용한 것은 거의 5000년 전의 일이야. 그 산업이 바로 농업이야. 오늘날에도 인류는 농업에 가장 많은 물을 쓰고 있어.

농업은 마지막 빙하기가 끝난 다음에 시작됐어. 지구에서 가장 추운 곳인 남극대륙에 처음으로 빙하가 나타났던 때는 약 3500만 년 전인데, 남극대륙은 1000만 년 전에, 북극은 300만 년 전에 지금 같은 형태로 얼어붙었다고 해.

그런데 200만 년 전쯤 지구의 기온이 뚝 떨어지면서 남북극 빙하가 늘어나기 시작했어. 빙하의 면적이 지구 면적의 16퍼센트를 넘을 때를 '빙하기'라고 하는데, 바로 그 빙하기가 시작된 거야. 그렇다고 지구 전체가 얼어붙었던 건 아니야. 적도와 온대 지방은 여전히 초록으로 빛나고 있었어. 지난 200만 년 동안 빙하기는 되풀이해서 나타났다 사라졌다 했지.

빙하기가 지나고 다시 빙하기가 올 때까지의 시간을 '간빙기'라고 하는데, 우리는 지금 1만 년 전에 마지막 빙하기가 끝난 뒤 언젠가 다시 시작될 다음 빙하기 사이의 시간 속에서 살고 있어.

1만 년 전이라면 구석기 시대 말기야. 1만5000년 전부터 서서히 지구가 따뜻해지면서 마침내 마지막 빙하기가 끝났어. 이때쯤 인류의 도구도 발달했어. 단순히 돌을 깨뜨려 사용하는 수준을 벗어나 적당히 떼어 낸 다음 그걸 갈아서 더 정교하게 만든 돌 도구를 사용하기 시작한 거야. 이 시기를 '간석기'라고 해. 이제 인류는 간석기를 이용해 따뜻해진 기후 속에서 잘 자라나는 식물들을 채집하고 나아가 농사도 지을 수 있게 되었어.

인류 최초의 농업은 중동의 메소포타미아 지역에서 흔적이 발견되었어. 먹을거리를 채집하는 시대에서 농사를 짓는 시대가 열린 거야. 인류의 초기 농업 시대는 지금부터 8000년~5000년 전에 지구가 한창 따뜻해진 시기에 발전하기 시작했어. 그러다가 5000년 전쯤 세계의 큰 강 하류 지역에서 본격적인 농업이 시작되지. 고대 문명이 시작된 거야.

고대 문명의 농사와 그 이전의 농사가 다른 점은 크게 두 가지야.

먼저, 이전에는 농사지을 물을 비에 의존했지만, 고대 문명은 농사에 필요한 물을 강에서 끌어왔어. 이를 관개 농업이라고 해. 관개라는 말은, 강이나 호수처럼 물이 있는 곳에서부터 수로(물길)를 만들어서 농경지에 물을 대는 걸 말해. 그래서 대부분의 농경지는 강 가까이에 있어. 그래야 물을 대기 쉽잖아. 상류에서부터 영양물질이 많은 진흙을 실어온 강물이 강 하구에 그 흙들을 오랫동안 쌓아 두면 그곳의 평야 지대는 아주 비옥해져. 고대 문명은 그런 땅에 농사를 지으면서 시작된 것이지.

이집트의 나일 강, 중동의 메소포타미아 지역을 흐르는 유프라테스 강과 티그리스 강, 그리고 오늘날 인도와 파키스탄 지역을 흐르는 인더스 강, 중국의 황하강 하류에서 고대 문명이 생겨났어. 그땐 이미 석기 시대가 끝나고 청동기 문명이 시작된 때야. 청

중국 고대 문명
(기원전 1500년~)

황하강

인더스 강

인더스 문명
(기원전 2500년~)

 동으로 된 농기구는 돌보다 강하고 모양도 더 정교하게 만들 수 있어서 농사를 수월하게 잘 지을 수 있었어. 농업 중심의 정착 사회가 퍼지면서 모든 생활이 풍요롭게 되었지. 그러자 가족 단위의 농사에서 온 부족 사람들이 힘을 합쳐서 지어야 할 정도로 농사 규모도 커졌어. 강가 가까이 있는 땅뿐만 아니라 강가에서 멀리 떨어진 땅까지 수로를 만들어서 넓은 땅을 농토로 만든 거지. 관개 농업을 하는 면적이 늘어나자 그곳에 얼마나 물을 관개해야 하고, 관개를 위해 수로를 어떤 방법으로 건설하고 얼마나 건설해야 할지, 그 많은 사람들이 일은 공평하게 나눠서 하는지 같은 많은 것을 생각하고 감독하는 사람이 필요했어. 대규모 관개 농업을 계속하기 위해서는 많은 일손이 필요했기 때문이지. 이렇게 해서 우두머리가 생겨나고 신분제 사회로 변화하게 돼. 농업이 발달함에 따라 거대한 사회가 생기고, 거기서 만들어낸 엄청난 부를 둘러싸고 사람이 사람을 지배하는 복잡한 사회가 나타난 거야.

이 가운데 메소포타미아 문명은 농업용 관개 수로를 건설한 것 말고도 물을 도시로 운반하는 특별한 시설을 발명했어. '카나트'라는 우물인데, 카나트는 산기슭의 물이 많은 지하수층까지 파고 내려간 뒤 거기서 도시까지 지하 수로를 파서 연결한 일종의 터널식 우물이야. 산기슭에서 지하수를 찾기까지 파내려간 깊이가 50미터나 되는 우물도 있고, 우물에 연결된 지하 수로가 5~10킬로미터나 되는 것들도 있다고 해.

카나트는 많은 인력과 높은 기술력이 없으면 만들 수 없는 시설이야. 오늘날에도 이라크와 이란 등지에서는 이런 카나트들이 남아 있어서 실제로 관개 농업은 물론 먹는 물을 구하는 데 이용되고 있단다.

이집트의 고대 문명은 매년 규칙적으로 홍수가 나는 나일 강을 이용한 관개 문명이었어. 이집트를 가로지르며 흐르는 나일 강은 해마다 7월과 10월 사이에 흐름이 느릿한 홍수를 일으켜서 기름진 흙과 풍부한 물을 강 유역에 실어날랐어. 그 때문에 대규모 농업용수로를 인공적으로 만들지 않아도 광대한 농지가 마련되어 있었지. 그 덕택에 건조 지대에 위치한 이집트에서도 농사가 가능했고, 풍족하게 수확할 수 있었단다. 이집트 사람들은 나일 강 홍수를 예측하기 위해 달력을 발명하기도 했어. 이 달력이 오늘날 우리가 쓰는 태양력이야.

인더스 강에서도 하라파나 모헨조다르 같은 고대 도시국가들이 세워져서 관개 농업을 했어. 숲을 베고 토지를 만들고 수로를 이용해 강에서 물을 끌어들여 농사를 지었지. 인더스 문명은 자신들의 고대 도시에 강물을 끌어와 상수도를 설치했고, 하수도까지 가지고 있었어.

중국에서도 주로 밀과 보리를 재배했던 북쪽의 황하강과 벼농사를 주로 지었던 남쪽의 양쯔 강 유역에서 각각 관개 농업이 발달했지.

이렇듯 고대 문명은 인류가 물을 농업에 본격적으로 이용하기 시작하면서 가능했던 거야.

먹는 물의 역사

우리는 음식을 먹어야 생명을 유지할 수 있어. 농업은 우리에게 필요한 식량을 생산하는 산업이고, 인류는 고대에서부터 지금까지 꾸준히 농업을 발전시켜 왔어. 그 과정에서 고대 문명도 꽃피우고 말이야.

로마는 길을 뚫듯이 물길을 만들고 멀리 있는 깨끗한 물을 시내에 공급하기 위해 수도를 만들었다. 이 수도는 도시 내부까지 지하 수도관을 갖춘 본격적인 수도였다.

그런데 밥보다 먼저 먹어야 살 수 있는 게 있어. 그건 바로 물 그 자체야. 물은 사흘만 마시지 못해도 죽을 정도로 우리 몸에 꼭 필요한 물질이야. 지금이야 수돗물을 틀면 콸콸 물이 쏟아지지만 그렇지 못했던 옛날 사람들은 주로 우물을 파서 물을 구했어.

사실 우물은 지금도 마실 물을 구하는 중요한 수단이야. 특히 세계 곳곳의 건조 지대 오아시스에서 솟아나는 샘과 우물은 그 지역 사람들의 생명수 역할을 하고 있지. 그렇지만 오늘날 대부분의 나라는 상수도 시설을 건설하고 수도로 마실 물을 공급하고 있어.

최초의 수도 시설은 3400년 전 그리스의 고대 도시였던 미케네에서 시작됐다고 해. 덮개를 씌운 수로를 이용해 먹는 물을 도시 안으로 끌어온 것이지.

역사적으로 가장 유명한 상수도 시설은 로마의 수도였어. 이미 2400년 전에 로마는 수도를 건설했어. 그 뒤 100년이 흐른 2300년 전에는 도시 밖에 있는 강에서 물을 끌어다가 각 가정에서 사용할 정도였지. 강에

지하 수로를 묻고, 그걸 땅 위로 연결하는 수로를 건설했어. 중간에 계곡 같은 게 있어서 수로가 끊기게 되면 계곡 사이에 높은 다리를 여러 개 세우고 그 위에 수로를 만들어 로마로 강물을 보냈지.

오늘날과 같은 수도 시설을 갖추고 시민들에게 위생적인 물을 공급했던 거야! 이런 수로가 10개가 넘었다고 해. 그 덕분에 100만 명의 로마 시민들은 하루에 500리터씩 수돗물을 쓸 수 있었다는구나. 뿐만 아니라 대중목욕탕까지 만들어 사용했다니 정말 대단하지?

그 뒤 로마는 동로마제국과 서로마제국으로 갈라지게 되는데, 로마의 높은 수도 시설 기술은 동로마제국과 중동의 이슬람 국가들에게 전해졌어. 특히 동로마제국의 수도는 거의 1000년 뒤 영국 런던에 수도가 만들어질 때까지 세계에서 가장 뛰어난 수도였다는 평가를 받고 있어.

16세기 이후 19세기 말까지 약 300년 동안 영국의 런던에서는 수도 회사가 많이 늘어났지만, 수질은 점점 나빠졌어. 강물에서 먹는 물을 퍼올리면서도 하수도가 없었고 쓰레기를 버릴 곳도 따로 없어서 쓰레기와 쓰고 난 하수를 강에다 마구 버렸거든. 당연히 템스 강은 썩어갔지. 수인성질병이 창궐할 수밖에 없었어.

더러운 물에 살고 있는 병균들이 일으키는 질병을

콜레라

콜레라균에 의해 일어나는 소화 계통의 전염병이다. 심한 구토와 설사에 따른 탈수 증상, 근육의 경련 등을 일으키며 하루 또는 몇 시간 만에 20~50퍼센트가 사망하는 무서운 전염병이다. 물이나 음식물을 끓여 먹으면 예방할 수 있고, 지금은 치료약도 개발됐지만, 원인이 무엇인지도 몰랐던 19세기만 하더라도 콜레라는 죽음의 사신과도 같았던 무시무시한 병이었다.

16세기 영국에서는 생활 하수로 오염된 템스 강물을 그대로 식수로 사용했기 때문에 수인성질병인 콜레라가 유행했다.

수인성질병이라고 하는데, 그 대표적인 질병이 콜레라*야. 영국에서는 19세기 중반에만 두 차례나 콜레라가 크게 퍼졌어.

    사람들은 어떤 식으로 물이 병을 일으키는지 과학적으로 알지 못했지만, 더러운 물이 건강을 위협한다는 건 알고 있었지. 그래서 더러운 하류의 물로 수돗물을 만들지 못하도록 '수도법'을 제정했지. '수도법'을 만들어 '템스 강 상류에서만 수돗물을 구하도록' 했지만, 수인성질병은 사라지지 않았어. 정화 처리하지 않은 오염된 물과 폐수가 강에 계속 버려지고 있었기 때문이지.

프랑스에서는 1852년에 나폴레옹이 파리의 상하수도를 정비하라고 명령하면서 근대적인 상하수도 시설이 만들어졌어. 그 뒤 19세기 말까지 파리에 연결된 상수도는 100킬로미터가 넘게 됐어.

하지만 파리도 런던처럼 하수와 폐수를 강에다 버렸어. 여전히 강물을 식수로도 사용하면서 말이야. 그러니 영국에서처럼 수인성질병이 발생할 수밖에 없었지.

1880년대에 이르러서야 수인성질병이 물 오염과 관계가 있다는 사실이 프랑스 학자 파스퇴르와 독일 학자 코흐에 의해 과학적으로 증명됐어. 그때부터 유럽과 미국에서는 물을 정화 처리해서 수돗물을 공급하기 시작했지.

염소로 소독된 수돗물*이 도시 사람들에게 공급되기 시작한 건 1908년 미국에서부터야. 1920년경이 되면 이런 염소 소독법이 널

염소로 소독한 물

염소 소독법은 콜레라나 장티푸스 같은 수인성 질병을 일으키는 병균을 화학적 방법으로 제거하는 것이다. 염소라는 화학물질을 수돗물에 넣어 미생물들을 제거하는 것인데, 최초로 염소로 수돗물을 소독한 것은 1800년에 런던의 소형 정수장에서였다. 대형 상수도 시설의 염소 소독은 1908년에 미국에서 시작됐다. 염소 소독법은 오늘날 전 세계 상수도 시설에서 가장 기본적인 수돗물 소독법으로 사용되고 있다. 정수장에서 넣은 염소는 수도꼭지까지 사라지지 않고 있어야 중간에 생기는 미생물을 소독할 수 있다. 염소는 잔류성이 크기 때문에 충분히 그런 역할을 한다. 다만 원래 물의 수질이 나빠 염소 사용량이 많은 경우에는 발암물질인 '트리할로메탄'이 생기는 경우가 있어 주의해야 한다. 염소 특유의 냄새는 수돗물을 꺼리는 원인이 되지만, 수돗물의 위생상의 안전성을 보장하는 냄새이기도 하다. 염소 냄새는 수돗물을 받아 3시간 이상 두면 날아간다. 우리나라 수도법은 '가정의 수도꼭지에서 나오는 수돗물은 1리터당 0.1밀리그램 이상의 염소가 들어 있어야 한다.'고 규정하고 있다.

안압지는 신라가 삼국을 통일한 직후인 674년 문무왕 때 만들어졌다. 나라의 경사스런 일이나 귀한 손님을 맞을 때 이곳에서 연회를 베풀기도 했다.

리 퍼져서 선진국 대부분의 도시에서 염소로 소독한 수돗물이 공급됐단다.

우리나라에서 최초로 상수도 시설을 했던 때는 삼국 시대 백제의 수도였던 부여였어. 서기 538년경에 부여 관북리 일대에 상수도 시설이 만들어진 거야. 그 뒤 서기 674년에는 신라의 수도 경주 근처에 있는 '안압지'라는 연못에서 경주 시내로 연결된 수로가 만들어졌어. 동로마제국이 수도를 만들 때 우리나라에서도 수도가 만들어져 이용되고 있었던 거야!

그렇지만 우리나라는 중동처럼 물을 구할 곳이 일부 오아시스의 샘이나 먼 곳에 있는 강밖에 없는 게 아니야. 전국 어디나 땅을 파면 맑은 물이 솟고 산과 들 어디에서나 맑은 물이 흘렀지. 그래서 수로를 만들어 강이나 샘에서 물을 퍼서 도시로 연결하기보다는 우물을 파서 이용하는 게 더 쉬웠어. 삼국 시대에는 군부대도 부대 안에 우물을 파서 사용했다고 할 정도니까. 먹는 물을 얻는 가장 흔한 방법이 우물이었던 거야.

조선을 세운 태종도 '다섯 가구마다 우물을 하나씩 파라'는 명령을 내렸어. 그러다 보니 로마식의 대규모 수도 시설이 우리나라에서는 필요가 없었지. 수질 좋은 물이 전국 어디나 흔했으니까 말이야.

우리나라에 근대적인 상수도가 생긴 건 1908년에 영국인들이 '대한수도회사'*를 세우고 서울에 뚝도 정수장*을 건설해 수돗물을 공급하기 시작하면서부터야.

대한수도회사

1903년에 대한제국의 고종 황제는 미국인 사업자에게 상수도 사업을 허가했다. 특허권을 받은 미국인 사업가들은 그것을 영국인들에게 팔았다. 그 영국인들은 1905년에 대한수도회사를 세우고 수도 사업을 시작했다. 1908년에 하루 1만2500세제곱미터의 정수 처리 수돗물을 공급하는 뚝도 정수장이 완공됐다. 그때까지 서울 사람들은 대부분 우물에서 먹는 물을 구하거나, 2만 명에 달하는 물장수들이 계곡과 강에서 퍼 온 물을 사 먹었다. 대한수도회사를 시작으로 우리나라 근대 상수도는 확대되기 시작했다. 일제는 조선을 강제 병합한 이후 1945년 2월, 울산에 수돗물을 공급하기까지 인천, 부산, 진주, 대구, 공주, 전주, 통영, 포항, 춘천, 마산 등에 수도 시설을 차례로 건설했다.

그 뒤 일제 강점기 때에 전국 주요 도시에 수돗물 공급이 이뤄졌어.* 해방이 되고 한국전쟁을 거친 1961년에 우리나라 최초의 '수도법'이 제정되었고, '상수도 종합 계획'이 세워져 현대적인 수도를 전국에 보급하기 시작했어.

뚝도 정수장

우리나라 최초의 수도 정수장이다. 현재 뚝섬 일대 뚝도 수원지 제1정수장으로 서울숲 공원에 위치하고 있다. 1908년에 우리나라 최초로 수돗물을 생산하기 시작하여 지금은 종로, 용산 등 7개 구, 71개 동에 수돗물을 공급하고 있다.

일제는 왜 조선에 근대적 수도 시설을 확대했을까?

일제 강점기였던 1912년에도 서울의 우물은 거의 9300여 개에 달했다. 그러나 그 우물들의 88퍼센트는 식수로 사용하기에 적합지 않았다. 그런데도 당시 서울 사람의 대부분은 이런 우물물을 먹고 있었다. 자연히 수인성질병이 만연했고, 이것은 사회 불안을 일으켰다. 또한 경제 활동에도 치명적인 영향을 가져왔다. 건강한 노동력을 조선 식민지에서 안정적으로 공급받아야 값싸게 산업 활동을 할 수 있고, 더욱이 침략 전쟁을 수행할 군인들도 확보할 수 있었기 때문에 일제는 상하수도 시설을 확대하고, 근대적 위생 시설을 도입하는 등 사회 안전망 확대에 나섰다. 결국 일제에 의한 상수도 시설 확대는 조선을 안정적으로 수탈하기 위한 속셈이었다.

지구는 목말라!

지구는 바다와 강, 하천, 지하수, 빙하 등 다양한 물을 품고 있어. 이 가운데 바닷물같이 소금기가 있는 물이 97.5퍼센트로 지구 대부분의 물을 차지하고 있지.

그리고 1.8퍼센트에 가까운 물은 빙하나 눈이야. 그 나머지가 지하수와 강과 하천을 흐르는 물, 호수에 있는 물이지. 지하수는 땅속에 관정을 넣어서 뽑아내야 쓸 수 있는 물이야. 그렇다 보니 우리가 손쉽게 이용할 수 없어. 강이나 하천, 호수에 있는 물은 지구 전체에 있는 물 가운데 0.01퍼센트 밖에 되지 않아. 지구가 품고 있는 모든 물의 양을 생각하면 정말 적은 양이지?

물은 한자리에서 움직이지 않고 가만히 있는 물질이 아니야. 수증기로 증발하기도 하고, 다시 비로 내리고, 땅에 스며들어 지하수가 되고, 강이나 하천에 떨어져 내리거나 다시 흘러들어 바다로 가는 순환을 계속하고 있지. 생활 속에서 우리가 사용하는 물은 대부분 빗물이 강이나 호수, 지하수를 채워 주고 있기 때문에 가능한 거야.

그럼 우리나라에 내리는 빗물은 1년에 얼마나 될까? 우리나라 정부가 2013년 세계 물의 날을 맞아 펴낸 자료를 보면, 연간 1297억 세제곱미터 정도라고 해. 하지만 그 물을 다 사용할 수 있는 건 아니야. 빗물의 대부분이 수증기로 증발하거나 바다로 흘러가 버리기 때문에 실제로 사용 가능한 양은 대략 333억 세제곱미터라고 해. 우리나라에서 가장 많은 물을 저장할 수 있는 소양강댐을 열두 번 가까이 채울 수 있는 엄청난 양이지.

우리가 생활용수로 사용하는 물은 대부분 수돗물인데, 지난 2010년에 우리나라 국민들이 사용한 수돗물은 59억 세제곱미터였어. 국민 한 사람이 하루에 333리터의 물을 사용한 셈이지. 그 물을 다 가정에서 쓴 건 아니야. 공장에서도 이용하고 학교나 가게들에서도 이용한 걸 다 합쳐서 그렇다는 거니까. 가정에서 사용한 건 그것의 반이 좀 넘는 176리터였다고 해.

요즘 우리들이 물과 관련해서 늘 듣는 얘기가 '전 세계적으로 물이 부족하다'는 거야. 우리나라도 비가 안 오는 봄철 갈수기가 되면 물이 부족해서 수돗물이 끊기는 등 물 때문에 곤란을 겪기도 하잖아. 우리보다 사정이 안 좋은 나라들에서는 아예 마실 물을 구하기도 어려운 데가 많아.

예전에는 물이 없는 건조 지역에 사는 사람들이 아니면 물을 구하는데 지금처럼 힘들지 않았다는데 왜 오늘날 세계는 점점 물 부족에 시달리는 걸까? 가장 큰 이유는 물의 양은 그대로인데 물을 사용하는 인류가 갈수록 늘어나고 있기 때문이야. 1만 년 전에 인류가 처음으로 농사를 짓기 시작했을 때 지구에 살던 사람들의 수는 400만 명 정도였어. 그런데 2011년에는 70억 명을 넘었지. 1만

년 동안 거의 1750배나 늘어난 거야. 지난 100년 동안 인류의 물 사용량은 6배 증가했지만 인구는 그 이상으로 늘어났어. 유엔(UN)은 2025년이 되면 물 부족으로 생활조차 하기 힘든 사람들이 18억 명을 넘게 될 거라고 예상하고 있지.

물은 하루라도 없으면 살 수 없는 귀한 자원이야. 그래서 물을 수자원이라고 하지. 인구가 늘면 느는 만큼 수자원도 더 많이 개발되어야 사람들이 물을 풍족하게 쓸 수 있어. 하지만 한계가 있어. 물은 공장에서 찍어내는 물건이 아니잖아. 결국 물 부족을 해결하려면 인구 문제에 적극적으로 대응해야 돼.

또 다른 문제는, 물을 공평하게 나눠서 사용하기 어렵다는 거야. 비나 눈은 내리는 지역에는 많이 내리지만, 사막처럼 거의 안 오는 지역도 많아. 또 기후나 계절별로도 눈과 비의 양이 다 다르고. 그만큼

물이 지구에 골고루 퍼져 있지 않다는 뜻이지. 물의 분포가 '불평등'한 거야.

또 다른 문제는 물을 사용할 수 있는 능력의 차이가 크다는 거야. 무슨 뜻이냐 하면, 설령 물이 풍족한 나라라고 해도 상수도 시설을 충분하게 건설할 수 있는 형편이 되느냐 안 되느냐에 따라 그 나라의 물 사정이 좋을 수도 나쁠 수도 있다는 말이야. 사람 수가 적다면 강물을 떠다 마시거나 샘에서 받아 오거나, 우물을 파서 물을 얻으면 돼. 하지만 오늘날 큰 도시의 인구는 보통 100만 명이 훌쩍 넘어. 그러다 보니 대규모로 물을 공급해야 되지. 댐이나 상수도 같은 물을 공급하는 시설이 필요한 이유야.

그런데 이런 시설을 만들자면 돈이 많이 들어. 개인이 할 수 있는 일

미국인들은 하루에 260리터나 되는 물을 사용하지만, 아프리카 사하라 사막 이남의 소말리아에 사는 사람들은 하루 9리터로 농사짓고, 가축 키우고, 밥하고, 빨래하고, 마시는 모든 걸 다 해야 한다. 생명을 유지하고 생활을 유지하는 기초인 물에서도 빈부의 격차가 심각한 것이 오늘날 지구의 현실이다.

도 아니라서 국가가 나서서 해야 돼. 국가가 우리가 낸 세금으로 하는 중요한 일 가운데 하나지.

앞에서 잠깐 얘기했지만, 나라 자체가 가난하면 필요한 만큼 상수도 같은 물 시설을 만들지 못해서 물 부족에 시달릴 수밖에 없어. 물 시설을 많이 건설할 수 있는 부자 나라는 물을 많이 쓰고, 가난한 나라는 물을 못 쓰는 일이 일어나는 것이지.

예를 들면, 여전히 농업 사회인 아프리카는 거의 90퍼센트에 가까운 물을 농사를 짓는 데에 쓰고, 가정용수와 공업용수는 아주 조금만 사용하지. 반대로 산업이 고도로 발달한 유럽에서는 50퍼센트가 넘는 물을 공업에 사용해. 농업에는 33퍼센트밖에 안 써. 하지만 가정에서 쓰는 물이 아프리카의 두 배 가까이 돼. 지역과 사회에 따라 물을 많이 쓰는 곳이 다르기도 하지만, 물 사용량 자체가 다른 거야.

물은 자연에 분포하는 양도 중요하지만, 그걸 이용할 수 있으려면 돈과 기술이 필요하지. 물이 많아도 그 물을 이용해야 하는 이들과 지방자치단체, 그리고 국가가 가난해서 물 시설을 충분하게 건설하지 못한다면 자연의 물은 없는 것과 다름없어.

그렇다고 무조건 댐이나 수로 같은 물 관련 시설을 많이 만드는 것도 바람직하진 않아. 그런 대형 시설들은 주변 생태계를 파괴하거든. 가장 좋은 방법은 자기 지역에 알맞은 적정한 규모의 시설을 만들어 이용하고, 전통적인 물 절약 지혜를 생활 속에서 실천하는 거야. 물을 생산하는 것만큼 물을 아끼는 게 중요하다는 말이지.

가난한 사람들의 물 빈곤

현재 세계에서 가장 많은 인구가 모여 사는 도시는 일본의 도쿄와 도쿄 근처의 6개 현이야. 일본의 수도권인 이 도시 지역의 인구는 4000만 명이 훨씬 넘어. 대한민국 인구의 80퍼센트에 달하는 인구가 사실상 하나로 연결되는 거대한 도시 지역에서 살고 있는 셈이지.

보통 인구가 500만 명이 넘는 도시를 대도시라고 하는데, 1950년대에는 그런 대도시가 전 세계에 9개뿐이었어. 그런데 지난 2005년에는 700만 명이 넘는 도시만 30개가 넘었어.

도시에 많은 인구가 몰려 살다 보니 도시는 물을 가장 많이 쓰는 물 소비자이기도 해. 상업시설과 산업시설들도 대부분 도시에 몰려 있기 때문에 도시의 물 문제는 늘 심각하지.

오늘날 전 세계의 대도시는 선진국이 아니라 주로 개발도상국에서 늘어나고 있어. 일자리를 구하려고 사람들이 계속 도시로 몰려들기 때문이야. 그런데 이들 개발도상국의 도시들은 식량 공급, 에너지 공급, 물 공급, 폐기물 처리, 주택 건설 등이 충분하지 않아. 그러다 보니 도시로 이주한 사람들은 도시 외곽에 무허가 임시 주택을 짓고 살게 되었어.

그런 곳을 '슬럼'이라고 부르는데, 슬럼은 상하수도와 전력, 교통, 교육, 위생 등 생활에 필요한 기본적인 시설들이 거의 없는 지역이야. 슬럼에서는 화재나 홍수가 나면 희생자가 많이 나와.

가난한 나라 대도시 슬럼이 자연재해나 사고에 취약하지만 그곳 사람들을 가장 많이 죽이는 건 그런 것들이 아니야. 바로 위생 문제야. 위생 문제를 일으키는 가장 큰 원인이 깨끗한 물을 구하기 어렵다는 점이고. 대부분의 나라에서 상하수도 시설은 도시에 설치되지만, 슬럼에 사는 사람들은 수도 시설의 혜택을 받지 못하고 있거든.

가난한 나라에 사는 사람들은 상하수도 시설의 혜택을 받지 못해 오염된 물을 마신다.
이 때문에 수인성질병 같은 위험에 노출된 채 살아가고 있다.

가난 때문에 위생적인 물을 구하지 못하는 지구촌 사람들의 형편에 대해 조금 자세히 알아볼까?

유엔 환경계획이 조사해 보니까 하루 벌어서 하루 살아가는 가난한 이들이 깨끗한 물을 사 먹으려면 하루 품삯의 절반에 가까운 돈을 내야 된다고 해. 하루 2달러 이하의 소득으로 살아가는 사람들이 27억 명이 넘는데, 그 사람들이 매일 1달러를 깨끗한 물을 사는데 쓸 수 있을까? 아이들을 먹일 식량조차 구하기 힘들 정도로 적은 그 돈에서 말이야. 그렇지 못하니까 그들은 더러운 물을 마시고, 그 때문에 또 쉽게 병에 걸려. 악순환이 거듭되고 있는 거지.

최빈국이라는 말이 있어. 가난한 나라 가운데에서도 더 가난한 나라를 뜻하는 말이야. 아프리카 사하라사막 남쪽에 그런 최빈국들이 몰려 있어. 이 지역에 사는 사람들은 100명 중 12명만 깨끗한 물을 먹고 살고 나머지 88명이 더러운 물을 먹고 살아.* 그 사람들은 위생적으로 안전하고 깨끗한 물을 먹지 못하는 24억 명의 인류 가운데 대표적인 사람들이야. 그런데 깨끗하고 더럽고 간에 아예 마실 물을 구하기조차 힘든 사람들도 11억 명이 넘는다니 너무 안타까운 일이야.

가난한 사람들이 마시는 물

유엔과 세계보건기구가 2008년에 공동 발표한 것에 따르면, 2006년 기준으로 세계 인구의 13퍼센트인 약 9억 명이 안전하게 마실 수 있는 물을 이용할 수 없는 상황이며, 약 25억의 인구가 기본적인 위생 시설 없이 생활하고 있는 것으로 나타났다. 이들은 수인성질병을 일으키는 미생물과 오염된 수질의 하천과 지하수를 식수로 사용하고 있다.

유엔 환경계획에 따르면, 현재 전 세계 입원 환자의 반이 수인성질병에 걸린 사람들이래. 1년에 500만 명 이상의 사람들이 수인성질병으로 죽어가고 있고. 그 중에서도 설사는 가장 흔하게 가장 많은 사람의 목숨을 앗아가는 수인성질병이야. 설사는 우리 몸이 오염물질에 반응하는 아주 정상적인 반응이야. 몸에 들어온 더러운 물질을 빨리 몸 밖으로 빼내려는 거지. 그렇지만 설사할 때 오염물질만 나가는 게 아니고, 몸속 영양분과 물도 같이 빠져나가기 때문에 설사가 계속되면 영양실조와 탈수로 죽게 돼.

매년 40억 명 이상이 설사 때문에 고통을 받고 그 가운데 200만 명은 탈수에 이르러 죽음을 맞는다고 해. 가장 큰 피해자는 어린이들이고. 지금도 매일 2700명 이상의 어린이들이 더러운 물 때문에 각종 수인성질병에 시달리다 죽고 있어. 대개 가난한 나라의 어린이들이지.

가난한 나라의 물 문제는 쓰레기를 위생적으로 처리하는 시설이 없기 때문에 더 악화되고 있어. 상수도도 건설하지 못할 정도로 가난한데 하수도를 설치할 수 있겠니? 그들에게 강과 호수는 사실상 먹을 물을 구하는 곳인 동시에 더러워진 하수와 쓰레기까지 처리하는 장소야. 그런 데에서 먹을 물을 구하니까 수인성질병에 걸리는 사람들이 많을 수밖에 없지.

물 아끼는 기술이 식량을 늘린다

앞에서도 말했지만 인류는 식량을 생산하는 농업에 가장 많은 물을 쓰고 있어. 거의 70퍼센트에 달하는 물이 농사를 짓기 위한 관개용수로 사용되고 있지. 이는 달리 생각하면 많이 쓰니까 조금씩만 절수하면 큰 효과를 볼 수 있다는 뜻도 돼. 사실 관개용수로 엄청난 물이 낭비되고 있거든.

인류의 주식은 쌀과 밀이야. 매년 18억 톤의 밀과 쌀 등의 곡물이 생산되고 있지. 그 가운데 약 2억 톤에 가까운 곡물이 물을 낭비하면서 생산되고 있다고 해. 물 10리터를 농작물에 주면, 그 가운데 6리터 가까이는 그냥 증발해 버리거나 땅속에 스며들어 버리고 정작 농작물이 자라는데 사용되는 양은 4리터 정도밖에 안 된대. 생각보다 관개 효율이 낮지? 그러니 관개 효율을 높이면 물 절약도 많이 되겠지. 관개용수 사용량이 워낙 많으니까 말이야.

이 고민은 우리뿐 아니라 농사를 짓는 세계 모든 나라에서 공통적으로 하는 고민이야. 이미 다양한 방식으로 물을 이용하여 효율을 높이는 기술이 개발되어 사용되고 있기도 하고. 현재 가장 진보된 관개 기술을 개발해 사용하고 있는 나라는 건조 지대에서 농사를 짓고 있는 이스라엘이야. 이스라엘은 '세류 관개법'을 개발해 관개 효율을 높였어. '세류 관개'는 땅속에 파이프를 묻어 농작물의 뿌리에 성장에 필요한 만큼만 물을 공급하는 방식이야. 계절별로 또 시간대별로도 물 공급량을 자동으로 조절할 수 있어.

세류 관개 농법은 물 사용량을 반 이하로 줄이면서도 더 많은 농작물을 생산할 수 있고, 관개 농업을 하면 흔하게 발생하는 흙에 소금기가 끼는 현상도 막을 수 있다는구나. 그만큼 물을 아낄 수 있는 희망도 큰 셈이지. 관개 농업의 효율을 높이면 엄청난 물이 생기는 것과 같으니까 말이야.

농업이 물 낭비도 많고 물을 많이 쓰기도 하니까 농업보다는 공업에 더 힘을 쏟는 게 좋겠다고 생각하는 사람들이 있어. 하지만 그런 생각을 몇몇 나라만 하고 다른 나라들은 여전히 농사를 많이 지을 때나 할 수 있는 생각일 뿐이야. 자기 나라가 먹고 남을 정도의 식량을 생산해야 다른 나라가 만든 상품과 바꿀 생각을 할 테니까 말이야.

그런데 식량은 자동차나 휴대폰 같은 공산품과 달라서 사람만 잘한다고 생산을 쉽게 늘릴 수 있는 게 아니야. 농사는 사람이 짓는 것이긴 하지만, 자연 조건이나 환경이 뒷받침되지 않으면 어려워. 가뭄이 들거나 홍수가 나면 경작한 작물들이 고스란히 말라죽거나 홍수로 썩는 일이 일어나기도 하거든.

만일 지금처럼 기후 변화가 심각해져서 어떤 해에 아주 극심한 가뭄이나 홍수가 들어서 세계 식량 생산이 심각하게 줄어들게 되면 어떤 일이 벌어질까? 사람은 먹지 않고는 살 수 없으니 식량이 부족한 만큼 식량 가격이 턱없이 높아질 거야. 그렇게 되면 160년 전 아일랜드에서 100만 명이 굶어죽은 '그레이트 헝거'처럼 세계 곳곳의 가난하고 힘없는 나라에서 대형 아사 사태가 벌어질 수도 있어.*

인류 역사상 최악의 재난, 기아

기원전부터 지금까지 인류 역사의 기록에 남아 있는 최악의 재난은 태풍, 지진, 화산폭발, 해일이 아닌 기근과 기아, 즉 굶주림이었다. 18세기 후반 인도 벵갈 지방에서 기근으로 100만 명이 죽고, 19세기 중반 아일랜드에서는 그레이트 헝거로 역시 100만 명이 넘게 죽었다. 오늘날에도 아프리카 사하라 사막 남쪽의 사헬 지역이 대기근에 시달리면서 2012년에만 1만 명이 사망했는데, 굶주리는 사람들은 모두 1900여만 명에 달하는 것으로 조사됐다.

'식량을 무기화'한다는 말이 있어. 인구는 점점 늘어나고 식량 생산은 그만큼 늘릴 수 없는 오늘날, 식량 생산국들이 식량을 무기로 불합리한 요구를 해도 수입국들이 울며 겨자먹기로 그 요구를 받아들일 수밖에 없는 현실을 말하는 거야. 차나 휴대폰은 없어도 살 수 있지만 굶고는 살 수 없잖아.

농업용수로 낭비되는 물보다 더 심각한 게 있어. 그게 뭐냐고? 바로 공업이야. 공업이 점점 더 많이 농업에 쓸 물을 가져가고 있거든. 예를 한번 들어볼까?

철강 산업은 생산 과정에서 물을 많이 소비하는 대표적인 산업이야. 현재, 세계 철강 업계를 이끄는 나라는 세계 제일의 생산량을 자랑하는 중국이지. 중국은 지난 2005년에 철강 산업의 물 사용량을 줄이기 위한

지구 온난화로 인한 이상 기후와 식량 시장의 큰손인 다국적 기업들에 의해 식량이 무기화될 가능성이 높아지고 있다. 농업이 붕괴되어 그들이 어떤 요구를 해도 들어줘야 하는 순간 식량은 그 어떤 무기보다 강력하게 한 국가를 무너뜨릴 수 있다.

국가 목표를 세웠어. 2010년까지 철강 1톤을 생산할 때 물 사용량을 8톤 이내로 줄이고 2020년에는 6톤 이내로 줄이겠다는 게 그 목표야. 우리나라 포스코처럼 기술력이 있는 철강 회사들의 1톤당 물 사용량은 그 절반 정도야.

문제는 중국의 철강 산업 공장들이 황하강 이북의 밀농사 지대에 몰려 있다는 거야. 밀이 철강과 경쟁해야 하는 형편인 셈이지. 결국 황하강은 상류에서 하류로 이어지는 물길마다 들어선 공

식량은 철강보다 싸니까 외국에서 사다 먹고 철강 산업에 물을 주자!

장들과 농업 지대에서 물을 뽑아 쓰는 탓에 일 년에도 몇 번씩이나 말라붙는 일이 벌어졌어. 중국 정부로서는 중국의 국내 총생산의 4퍼센트를 담당할 뿐아니라 세계 철강 생산의 40퍼센트 이상을 점유하는 철강 산업에 물을 주지 않을 수 없는 상황이라 이래저래 고민이 깊지.

중국의 밀 수입량은 농업용수 부족과 기후 변화로 인한 기상재해로 인해 점점 늘고 있는 형편이야. 2013년에는 황하강 밀농사 지대에 예측하지 못한 홍수가 나서 농사를 망친 탓에 그 전 해의 두 배인 9백만 톤 가까운 밀을 수입해야 했어.

불행하게도 대부분의 개발도상국들은 거의 다 이런 형편이야. 실제로 세계 곳곳에서 특히, 중국처럼 맹렬하게 산업화가 이루어지는 나라에서는 이런 일이 흔하게 벌어지고 있어. 농경지들이 공장에 점점 더 물을 빼앗기고 있는 거야. 중국이나 인도같이 산업화에 열성인 개발도상국들은 대부분 인구도 많이 늘어나고 있어. 더 많은 인구가 더 적은 물로 농사를 지을 수밖에 없는 현실이 된 거지.

지금까지는 농업용수를 절약하고 농업 기술을 발전시켜서 그나마 부족한 물로도 농사를 지어 왔어. 하지만 이 상태로 가다가는 점점 늘어나는 인구를 먹일 식량을 생산하는데 한계가 있을 수밖에 없어.

그레이트 헝거

영국과 아일랜드는 영국의 침략과 수탈, 아일랜드의 저항으로 점철된 역사를 가지고 있다.

1600년대 이래 영국은 북부 아일랜드를 지속적으로 침략해 아일랜드에서 생산된 곡물을 영국으로 빼앗아 갔다. 1653년에 영국은 아일랜드를 식민지화 하고 가톨릭 신자들이 대부분이던 아일랜드 사람들에게 영국 국교를 강요하면서 순순히 따르지 않으면 토지를 빼앗는 정책을 폈다. 그러다가 1801년에는 아예 아일랜드를 합병한다. 영국의 식민지가 됨으로써 아일랜드 사람들은 소작농이 되고 영국인들은 지주가 되어 아일랜드를 지속적으로 수탈하기 시작한다.

아일랜드에서 생산된 곡물을 죄다 영국으로 빼앗기자 아일랜드 사람들은 감자를 주식으로 삼게 됐다. 그런데 1845년~1851년 사이 세 번의 대기근이 덮쳐 감자조차 먹을 수 없게 됐다. 100만 명이 넘는 사람들이 굶어 죽고, 150만 명에 이르는 사람들이 아일랜드를 떠나 미국과 영국을 비롯해 세계 곳곳으로 흩어졌다.

당시 아일랜드 인구의 4분의 1이 죽거나 아일랜드를 떠난 것이다. '그레이트 헝거'라고 불린 이 대기근 사태를 영국은 수수방관하며 방치했다.

영국은 17세기 이래 자국 노동자들에게 값싸게 먹일 식량을 아일랜드 등 식민지에서 수탈해 왔고, 아일랜드의 대기근을 돕다가 자기네 식량 사정도 악화될 것이 두려워 모른 체했다. 게다가 굶주림을 피해 영국으로 건너오는 아일랜드 사람들을 값싸게 고용할 수 있었기 때문에 굳이 아일랜드의 대기근 고통을 줄이는 정책을 펴지 않았던 것이다.

아일랜드는 영국에 대항해 지속적인 독립 투쟁을 펼쳐 마침내 1949년에 독립했지만, 아일랜드와 북아일랜드가 분열하고 가톨릭과 신교 간의 대립이 이어져 20세기 말까지 피 흘리는 테러가 만연했다. 이런 분열과 대립은 16세기부터 시작된 영국의 아일랜드 곡물 수탈에서 비롯된 것이다.

물은 인류만의 것이 아니다!

농업이 식량을 생산할 물을 다른 공업이나 산업에 빼앗기는 일보다 더 비참하고 엄청난 일이 있어. 그건 다른 생물들이 인류에게 물을 빼앗기고 있다는 사실이야.

지구에는 인류 말고도 물이 있어야 살 수 있는 다른 많은 생물들이 함께 살고 있어. 이 생물들이 건강하게 살아야 인류도 건강하게 살 수 있지. 왜냐하면 이런 생물들과 인류는 지구라는 하나의 커다란 생태계 안에서 서로 생명이 연결돼 있거든.

예를 들어볼까? 연못에 낚시하러 가면 제일 귀찮은 게 모기야. 이 모기들이 피를 빨아먹으려고 끊임없이 달려들거든. 정말 싹 제거해 버리고 싶지. 하지만 실제로 그렇게 되면 잠자리가 굶주리게 돼. 잠자리 한 마리가 하루에 백 마리 이상의 모기를 잡아먹거든. 잠자리는 다시 개구리에게 잡아먹히고, 개구리는 또 메기나 쏘가리, 큰입우럭 같은 육식성 어류들이 잡아먹지. 그런데 그런 물고기를 낚시하는 건 사람이야. 사람의 피를 빠는 게 뭐였지? 그래 모기야! 그렇게 서로 먹고 먹히면서 이루어진 관계를 먹이사슬이라고 해.

지구의 생물들은 모두 몇 종이나 될까? 학자마다 달라서 1400만 종이라는 이도 있고, 1억 종이 넘는다는 이들도 있어. 확실한 건 우리가 아는 종보다 모르는 종이 더 많고, 새로 발견되는 종보다 멸종하는 종들이 더 많다는 거야. 지구의 수많은 생물들이 맺은 관계는 먹고 먹히는 먹이사슬로만 설명할 수 있는 게 아니야. 모든 생물은 다른 생물과의 관계 속에서만 살 수 있기 때문이지.

우리 인간은 먹이사슬에서도 가장 꼭대기에 위치하고 있어서 동식물의 멸종에 그다지 영향을 받지 않는다고 생각하는 경우가 많은데 절대 그렇지 않아.

말라리아라는 질병이 있어. 모기에게 기생하는 플라스모디움이라는 기생충이 모기를 감염시키고, 그 모기가 다시 사람을 물 때 걸리는 수인성질병이야. 매년 3억 명 이상이 말라리아에 걸리고, 그 가운데 300만 명이 죽음에 이르는 무서운 병이지.

그런데 한 일본인 학자가 오키나와 섬 바다에 서식하는 해면동물에 붙어 사는 미생물에서 새로운 치료 물질을 찾아냈어. 그 미생물을 대량으로 배양하는 방법도 미국인 학자가 찾아냈다니까 언젠가 지금보다 싸

물의 오염으로 지금까지 알려진 양서류 5743종 가운데 122종이 멸종하고 말았다. 깨끗한 물은 인간뿐 아니라 모든 동식물에게 생명과도 같다.

고 효과가 좋은 말라리아 약이 나올 거야. 이처럼 생물에서 새로운 치료 물질을 찾아서 약으로 만드는 일은 아주 흔해. 그런데 생각해 봐. 만일 오키나와 바다가 크게 오염돼서 그 해면동물이 사라졌다면 우리는 싸고 효과 좋은 말라리아 약을 개발할 수 있었을까?

지구에는 아직도 우리가 모르는 수많은 생물들이 살고 있어. 우리는 그 생물들이 어떤 가능성을 가지고 있는지 아직 다 몰라. 그런데도 생물들이 사는 땅, 숲, 산, 강, 호수, 바다를 우리 멋대로 개발하고 있잖아. 강을 막아 댐을 짓고, 늪을 메우고 공장을 짓거나 아파트를 짓는다고 거기 살던 동식물들이 사람들에게 항의나 할 수 있니? 그러니까 우리 인간이 자연을 고려하면서 살아야 하는 거야. 특히 수자원 개발의 경우에는 그 물을 함께 사용하는 다른 생물들을 배려해야 해.

현재 지구에 사는 734종의 어류가 멸종 위기에 놓여 있어. 그렇게 멸종 위기에 몰린 어류들 가운데 80퍼센트가 민물에서 사는 종들이야. 인류가 다른 생물들이 쓸 물과 심지어는 그들이 사는 서식처까지 빼앗아 쓰는 바람에 애꿎은 생물들이 멸종하고 있는 거란다.

물이 오염되는 것도 생물들의 멸종을 부추겨. 생물지표종이라고 불리는 동식물들이 있어. 이들이 위험하면 환경이 크게 파괴됐다는 걸 알 수 있는 생물들이지. 그런 생물지표종 가운데 특히 개구리나 도롱뇽 같은 양서류는 물 환경의 변화를 알려주는 역할을 해. 그런데 지금까지 알려진 양서류 5743종 가운데 1980년 이후 30년이 좀 넘는 동안 이미 122종이나 멸종하고 말았어.

양서류는 허파와 피부로 호흡을 하면서 물과 땅을 오가며 살아. 그

우리가 물을 독차지하고 오염시킨 까닭에 많은 어류가 멸종 위기에 놓여 있다. 특히 민물에 사는 물고기는 그 피해가 더 심각하다.

래서 물이 오염되면 생명을 잃기 쉽지. 사람들이 습지를 개발하거나 오염시키는 일을 지금처럼 계속한다면 양서류는 영원히 사라질지 몰라.

인류는 오늘날 지구의 모든 자원을 거의 독점적으로 사용하면서 다른 생물들의 생명조차 좌우할 수 있는 힘을 가지고 있어. 특히 물은 지난 60여 년 전보다 3배나 더 많이 사용하고 있다고 해. 이렇게 우리 인간이 물을 독차지해서 사용하는 동안 생태계의 동식물들은 서식처는 물론이고 물도 빼앗기고 있었던 거야.

오염 · 낭비 · 기후 변화…
물의 **위기**는 시작됐다.

물을 더럽히는 것들

사람과 자연이 모두 건강하게 살 수 있는 첫 번째 조건은 물을 깨끗하게 보호하고 유지하는 거야. 그런데 물을 오염시키는 일이 전 지구에서 점점 더해가고 있어.

가장 넓은 지역에서 일어나는 물 오염은 산성비*로 인한 거야. 산성비는 공장과 자동차 매연에 섞인 중금속과 화학물질들이 비에 섞여 내리는 거야. 식초처럼 강한 산성이지. 이런 비가 하늘에서 내린다고 생각해 봐. 어떤 일이 벌어질지 상상이 되니? 아마 나무라는 나무는 다 말라죽고 물은 크게 오염될 거야. 실제로 산성비가 내려서 피해를 본 지역이 있어.

산성비

고농도의 황산과 질산 등 산성을 강하게 띠는 비를 말한다. 석탄이나 석유를 태울 때 생기는 황산화물과 질소산화물이 비에 녹아 일어난다. 육지와 물을 산성화하고 토양을 변질시키며 산과 숲의 나무들을 말라죽게 하는 등 생태계에 나쁜 영향을 준다.

가장 크게 산성비 피해를 입은 지역은 북유럽이었어. 침엽수가 우거진 숲이 제일 먼저 피해를 입었지. 또 1990년대 스웨덴과 노르웨이

공장과 자동차 매연에 섞인 중금속과 유독 화학물질이 섞인 산성비로 나무는 말라죽고 물은 크게 오염되었다.

에서는 9만 개가 넘는 호수 중에 2만 개 이상의 호수가 산성비를 맞아 물고기가 없는 죽음의 호수로 변한 일도 있었어. 1970~1980년대 미국에서는 산성비로 애팔래치아 산맥의 숲들이 말라죽었고, 그 숲과 호수에 살던 새들은 껍질이 너무 얇아서 부화하지 못하는 알을 낳는 일이 벌어졌어.

    산성비의 심각성을 인식한 유럽과 미국은 공장에서 대기를 오염시키는 물질을 배출하지 못하게 하는 법을 만들고, 자동차 매연도 기준치를 넘지 못하게 아예 자동차를 만들 때 매연 배출이 적은 차를 만들도록 조치했어. 이런 조치들이 시행되자 20세기 후반으로 갈수록 피해가 눈에 띄게 줄었다고 해.

그런데 중국처럼 맹렬하게 산업화가 이루어지는 나라들에서는 산성비 피해가 도리어 커지고 있어. 현재 중국 전체의 30퍼센트 이상이 산성비 피해 지역이라고 해. 급속한 산업화에 필요한 전력을 생산하기 위해 석탄 화력발전소를 많이 세웠기 때문이야. 석탄을 태우면 독성을 가진 황이라는 물질이 매연에 많이 섞이게 되거든. 중국은 전체 전력의 80퍼센트 가까이를 화력발전에 의지하고 있는데, 이들 대부분이 석탄을 연료로 쓰고 있어.

문제는 자연과 인간 모두에게 피해를 주는, 환경을 고려하지 않는 이런 방식의 산업화가 세계 곳곳에서 진행되고 있다는 거야. 이런 나라에서 발생하는 대기오염과 산성비 같은 환경 문제는 단지 그것으로 끝나는 게 아냐. 대기오염이 수질오염을 부르고 수질오염이 흙을 오염시키고 결국 생태계를 위험에 빠뜨리는 식으로 연결되거든.

산성비 못지않게 아주 심각하게 물을 오염시키는 게 또 있어. 바로 유독 화학물질이야.

오늘날 사용하는 화학물질의 수는 10만 가지 이상이나 된다고 해. 그런데다 매년 약 1000가지나 되는 새로운 화학물질이 계속해서 늘어나고 있어. 문제는 이런 화학물질들이 독성도 제대로 알려지지 않은 상태로 상품으로 만들어져 사용되고 있다는 거야. 나중에서야 독성을 알고 사용을 금지해도 이미 지구 곳곳을 오염시킨 뒤고 말이야. 말 그대로 물과 공기와 땅을 다 오염시키는 거지. 그렇게 오염된 물과 공기를 마시고 먹을거리를 먹은 사람과 동식물들은 어떻게 될까?

『침묵의 봄』이라는 유명한 책이 있어. 미국의 환경학자 레이첼 카슨(1907~1964)이 쓴 것인데, 새들이 사라진 풍경 묘사를 통해 화학 살충제인 디디티(DDT)*남용이 불러온 무서운 결과를 세상에 알렸지. 디디티에 오염된 지역에 살던 새들이 알을 낳지 못하고 다 병들어 죽어 버려서 원래 봄이면 새들의 지저귐으로 가득 차야 할 들판과 숲이 침묵에 휩싸였다는 거야. 그 정도로 디디티는 독성이 강한 물질이야. 지금은 디디티 사용을 금하고 있지만 여전히 살충제로 사용하는 나라들이 있어. 심지어 아기를 가진 엄마들의 모유에서 제일 흔하게 발견되는 화학 오염 물질이 디디티라고 하니 정말 무섭지?

디디티(DDT)

디디티는 1874년에 최초로 합성된 화학물질이다. 디디티는 색깔이 없고 자연 상태에서 잘 분해되지 않는 맹독성 화학물질로 곤충은 물론 대부분의 생물들에게 독성을 가진다. 2차 세계 대전 이후 농업용 살충제로 광범위하게 사용됐다. 디디티는 생물체의 지방에 잘 녹기 때문에 독성이 사람을 포함한 동물에게 잘 축적돼 나타난다. 한편 디디티가 살충제로 사용될 수 있다는 사실을 발견한 화학자 폴 허먼 뮐러는 그 공로로 1948년에 노벨 생리학·의학상을 받았다.

지금은 디디티 사용이 공식적으로 금지돼 있지만, 여전히 그보다 더한 맹독성 화학물질들이 여러 가지 이름으로 생산되어 제초제, 살충·살균제 등으로 사용되고 있다.

국제 협약과 자기 나라 환경법을 피해 아직도 유독성 폐기물을 가난한 나라에 떠넘기는 일들이 벌어지고 있다.

　게다가 정의롭지 않은 일들이 부자 나라와 가난한 나라 사이에서 벌어지고 있기도 해. 화학 오염 물질 같은 독성을 띤 폐기물을 가난한 개발도상국에 떠넘기는 것이지.
　실제로 1980년대만 해도 산업 선진국에서 발생한 유독성 폐기물의 80퍼센트가 가난한 나라로 옮겨졌어. 자기 나라에서는 이런저런 환경법을 지켜서 폐기해야 하니까 처리 비용도 많이 들고 골치가 아프거든. 물론 환경에도 해롭고. 그래서 가난한 나라에 싼값으로 넘겨 버린 거야. 유독성 폐기물을 수출한 거지. 가난한 나라들은 그런 폐기물을 안전하게 처리할 기술과 시설이 없지만, 당장 돈을 벌 수 있었기 때문에 그런 폐기물을 들여왔어. 하지만 처리할 방법이 없으니까 그냥 방치해 두는 경우가 많았지.

최악의 사례는 나이지리아와 이탈리아의 폐기물 투기업자들이 일으킨 유독성 폐기물 밀매 사건이야. 1988년 6월, 나이지리아에서 이탈리아를 비롯한 유럽으로부터 들여온 유독성 화학 폐기물 3,900톤이 발견됐어. 나이지리아 정부가 이탈리아 정부에 거세게 항의하고 세계적인 비난이 쏟아졌지. 일단 제노비아 호라는 선박에 그 폐기물을 싣고 나이지리아를 떠났지만, 어떤 나라에서도 그 독성 폐기물을 실은 배가 자기 나라 항구에 정박하는 걸 받아들이지 않았어. 왜 안 그렇겠어? 자기 나라 국민의 건강과 환경을 생각한다면 말이야. 아무튼 그 배는 1년 넘게 바다를 떠돌다가 결국 이탈리아에 겨우 입항해 처리를 했다고 해.

한편 콩고는 1988년 6월에서 1989년 5월 사이 약 1년 동안 미국과 유럽에서 배출된 화학 폐기물 8,400만 톤을 받아주겠다는 계약을 체결했어. 하지만 콩고에는 이 독성 물질을 환경과 인간에게 안전한 상태로 처리할 기술과 시설이 없었어. 국민과 국토의 안전을 무시한 콩고 정부와 가난한 콩고의 사정을 악용해 뻔뻔하게 독성 폐기물을 수출하려고 했던 미국 회사에 국제적인 비난이 쏟아졌지. 다행히 이 계약은 백지화됐단다.

그런데 왜 이런 유독성 폐기물 밀매 사건이 끊이지 않고 일어나는 걸까? 그건 가난한 나라들은 그들이 수입하는 유독성 폐기물의 독성이 자국의 환경과 국민들의 건강에 어떤 영향을 미치는지 정확히 모르고, 일단 폐기물 수입 대가로 받을 돈에 눈이 멀어서 그래. 수출하는 나라들은 자국에서 충분히 환경적으로 안전하게 처리할 능력이 되지만, 단지 처리 비용이 비싸다는 이유로 자국에서 처리하지 않고 가난한 외국으로 헐값에 넘기는 거고. 결국 위험한 줄 알면서도 싸게 다른 나라에 버리는 셈이지. 그런 물질들이 가난한 나라의 국토를 오염시키고 그 나라 국민들의 건강을 해치고 있는 데도 말이야.

그러자 유해 폐기물의 수출과 수입을 막을 국제법을 만들자는 국제 여론이 크게 일어났어. 그 결과 1989년에 '유독성 폐기물은 처음 만들어진 나라 밖으로 옮길 수 없다'는 내용을 담은 '바젤 협약*'이 만들어졌어.

이 협약 덕분에 과거에 비해 90퍼센트 가까이 유독성 폐기물의 해외 이동이 중단됐지. 하지만 여전히 10퍼센트는 지금까지도 다른 나라에 떠넘겨져서 그 나라의 물과 공기, 땅을 오염시키고 있다고 해.

바젤 협약

1989년 3월, 스위스 바젤에서 채택된 '유해 폐기물의 국가 간 교역을 금지'하는 국제 협약이다. 1992년 5월에 발효됐으며 우리나라는 1994년 3월에 가입했다. 이 협약과 관련된 국내법은 '폐기물의 국가 간 이동 및 그 처리에 관한 법률'인데, 1994년 5월부터 시행됐다. 이 협약에 가입한 나라는 2012년 4월 현재, 182개 국이다.

물 낭비와 과소비

산성비나 유독 폐기물보다 더 심각하게 안전하고 깨끗한 물을 위협하는 게 있어. 그건 다름 아닌 물 낭비야. 우리는 비효율적으로 물을 사용하거나 꼭 필요하지 않은 일에 물을 낭비하고 있어.

물 947만 톤은 얼마나 되는 양일까? 유엔이 정한 1인당 1일 물 권장량을 47억 명이 마실 수 있는 양이야. 인류의 67퍼센트나 되는 이들이 하루 동안 마실 수 있는 양이지. 그런데 그만큼의 물을 매일 사용하는 곳이 있어. 바로 골프장이야. 전 세계 3만5000개에 달하는 골프장들이 잔디를 관리하기 위해 하루에 쓰는 물의 양이 공교롭게도 947만 톤이야. 골프는 안 해도 사람이 죽지는 않지만, 물이 부족하면 당장 커다란 사회 문제가 발생하잖아.

우리나라에도 골프장이 많이 있어. 2012년 현재, 우리나라 골프장 수는 468개였어. 골프장 하나가 사용하는 물이 하루에 500톤~1000톤까지 된다니 골프장을 다 합치면 얼마나 많은 물을 사용하는지 알 수 있겠지?

뿐만 아니라 골프장 잔디밭에 뿌리는 농약도 큰 문제야. 2012년, 환경부 조사에 의하면 우리나라 골프장은 1만 제곱미터(3000평)의 잔디밭마다 5.1킬로그램이 넘는 농약을 뿌린대. 그렇게 많은 농약을 치고 그렇게 많은 물을 뿌리니 농약이 씻겨 내려간 그 물이 땅으로 스며들면 지하수원을 오염시키고, 하천으로 흘러들면 결국 강을 오염시키겠지. 그래서 폐수를 정화 처리하는 시설을 설치하도록 법으로 규정하고 있지만, 얼마나 어리석은 일이야? 일부러 물을 오염시키고 돈과 시설을 들여서 그 물을 정화하다니!

어른들만 어리석은 게 아니야. 우리도 알게 모르게 물을 낭비하고 있거든.
　"난 양치할 때도 꼭 컵에 받아서 하고, 샤워도 남보다 빨리 끝내는데……."
　아니야! 그런 걸 말하는 게 아니야. 지금 옷장을 열고 면 티셔츠가 몇 장인지 한번 꺼내서 세어 볼래? 그 가운데 입지 않고 넣어 두고만 있는 게 몇 장인지 세어 봐!

골프장에서는 잔디밭을 관리하기 위해 엄청난 양의 물을 사용하고 농약을 뿌린다.

10장의 티셔츠를 이런저런 이유로 입지 않고 넣어 두고 있다면, 27~40톤의 물을 낭비한 거야. 면 티셔츠 한 장을 만들려면 2700~4000리터의 물이 필요하거든. 목화를 심고 길러서 수확하고, 실을 뽑아 옷감을 만들고, 염색하거나 무늬를 입히는 이 모든 과정에서 물이 사용되기 때문이지. 과연 그것뿐일까? 옷, 학용품, 가방, 신발……. 우리가 사용하는 모든 상품은 생산 과정과 이용 과정에서 다 물을 사용해. 다시 말하면 물건을 낭비하고 과소비하면 그만큼 물을 낭비하는 것과 같다는 뜻이야.

　내가 낭비한 그 물은 아프리카의 내 또래 어린이가 6시간을 걸어가서 길어야 하는 한 항아리의 물이고, 설사는 기본이고 트라코마나 콜레라 같은 수인성질병이 걸릴 게 거의 확실한 오염된 진흙탕 물조차 없어서 못 마시는 가난한 나라, 가난한 마을의 친구들은 꿈도 꾸지 못하는 물이라는 사실! 이제부터라도 물건을 함부로 낭비하거나 과소비하는 일은 삼가자, 그럴 수 있지?

육식이 물을 낭비한다고?

유엔은 오는 2025년이 되면 전 세계 인구는 80억 명 이상이 될 것이라고 예측하고 있어. 그런데 지난 20세기 동안 물 사용량 증가 속도는 인구 증가율보다 두 배나 빨랐어. 갈수록 물을 충분하게 확보하기 어려워질 거라는 얘기지. 이런 상황에서 물과 식량의 부족을 더욱 부채질하는 것이 점점 늘어나는 인류의 육식이야.

사실 우리는 지금 아주 물 낭비적인 식생활을 하고 있어. 물을 마구 쓰는 것도 물을 낭비하는 일이지만 고기를 많이 먹는 것도 물을 낭비하는 생활이야. 고기를 먹는 게 왜 물을 낭비하는 거냐고? 지금부터 육식의 '숨겨진 비밀'을 알려줄게.

육식을 함으로써 낭비되는 물은 정말 엄청난 규모야. 농산물이나 공산품을 생산할 때 물이 얼마나 사용되는지 따져서 숫자로 표시한 것을 '가상수'라고 해. 영국의 토니 앨런이라는 학자가 생각해 낸 개념이지. 이 개념을 발전시킨 것이 '물 발자국'이야. 물 발자국은 지난 2008년부터 본격적으로 사용되기 시작했는데, 생산 단계의 물 소비만 고려하던 가상수 개념을 국내외로 유통시키는 과정과 폐기할 때의 단계까지 확장한 거야. 하나의 물품이 만들어져 사라질 때까지 들어간 모든 물의 양을 표시하고 있는 것이지.

세계 물 관련 기관들이 모여 조사한 주요 식량의 세계 평균 물 발자국을 살펴보면, 쌀 1킬로그램의 세계 평균 물 발자국은 2497리터나 되고, 옥수수 1킬로그램은 1222리터야. 사과 1킬로그램은 822리터고. 그런데 닭고기 1킬로그램은 4325리터고, 돼지고기 1킬로그램은 5988리터나 돼. 쇠고기 1킬로그램은 무려 1만 5415리터나 되지. 평균이 그렇다는 것이니, 실제로는 훨씬 더 많은 물이 필요할 거야. 지역과 나라별로 축산업 환경이 달라서 물 발자국 편차도 커.

그런데 쇠고기를 얻는 데 왜 이렇게 물이 많이 들어갈까? 그 까닭은, 소가 먹을 목초를 기르기 위해 숲을 벌목하고 거기에 목초용 풀을 심은 뒤 그 풀을 기르려고 관개용수를 끌어다 쓰기 때문이야. 거기에다 많은 물을 사용해서 생산한 곡물을 소에

소, 돼지, 닭 같은 가축은 쌀을 비롯한 채소와 과일을 기르는 것보다 훨씬 많은 물을 필요로 한다.

게 먹이면서 이중으로 물을 소비하지. 소 먹일 사료에만 엄청난 양의 물이 소비되는 거야. 쇠고기를 먹을 때마다 쌀이나 옥수수, 콩을 먹는 것보다 수백 배씩 물을 낭비하고 있는 셈이지. 세계의 허파 노릇을 하고 있는 아마존 숲의 전체 훼손 면적의 70퍼센트가 단지 소를 키울 목장을 만드느라고 그런 거라니 육식이 얼마나 물 낭비에 자연까지 파괴하고 있는지 알겠지?

2007년 세계 육류 생산량은 2억7500만 톤이었어. 이런 식으로 계속 고기를 먹으면 2050년에는 지금보다 두 배인 4억6500만 톤을 생산해서 먹게 될 거야. 그 많은 고기를 생산하려면 사람이 먹어야 될 곡물을 가축들이 더 많이 먹어야 해. 쇠고기 1킬로그램을 생산하려면 적어도 곡물 사료가 10킬로그램이 필요하거든. 또 사람이 먹을 곡물을 재배할 땅에 소가 먹을 목초를 심어 길러야 해. 이러다 보면 정작 사람이 먹을 곡물을 키우는 땅과 곡물이 줄어들게 되고, 식량 위기에 처할 수 있어.*

고기를 가장 많이 먹는 나라는 미국인데, 미국의 평범한 사람들도 하루 평균 3800칼로리를 섭취한대. 그 결과 미국 국민들의 반이 비만에 시달린다는구나.

한편 고기를 많이 먹는 습관은 환경에도

제인 구달의 채식 제안

유명한 영장류 학자이자 환경 운동가인 제인 구달은 '1헥타르의 농지에 감자를 심으면 22명이 1년을 살 수 있고, 벼를 심으면 19명이 살 수 있지만, 곡물을 심지 않고 소나 양을 길러 쇠고기와 양고기를 생산하면 잘해야 한 두 명이 1년 동안 먹고 살 수 있을 뿐이다.'고 말했다. 제인 구달은 채식 생활을 하고 있다.

커다란 영향을 미쳐. 대형화된 축산업이 기후 변화를 일으키는 온실가스를 많이 배출하기 때문이야. 이에 세계 축산 업계는 축산업이 온실가스를 배출하는 것은 맞지만 인류가 배출하는 총량의 5분의 1도 안 되는 수준이라고 항변하고 있어. 하지만 양심적인 학자들은 그건 '축산 업계의 거짓말'이라고 비판하지.

사실은 '그 두 배 이상'이라는 거야. 축산 업자들의 통계는 소 한 마리가 살면서 내뿜는 이산화탄소와 메탄 등 기후 변화를 일으키는 물질들만 단순히 합산한 것이기 때문이지. 소를 키우기 위해 멀쩡한 숲을 베

지나친 육식은 환경 오염은 물론 물 낭비를 초래한다.

어 내고 거기에 목초지를 조성했을 때, 그 숲이 지구 온난화를 일으키는 물질을 흡수해 왔다는 사실이 빠져 있는 거야. 또 소들의 배설물 처리 비용과 시설, 소를 도축해 쇠고기로 판매하는 데 따르는 시설과 비용 등 축산과 연관된 전후 과정에서 발생하는 온난화 효과도 빠져 있어.

이런 것들은 쇠고기를 먹지 않거나 덜 먹는다면 막을 수 있는 것들이야. 소들을 키우기 위해 아마존 숲을 훼손하지 않아도 되고 말이야. 그랬으면 그 숲 지역은 여전히 온실 기체를 흡수하고 있었을 거야. 또 소를 도축하고 포장하고 세계 곳곳에 배나 비행기, 자동차로 운송하고 또 그걸 판매장에 전시하는 데 따르는 온실 기체도 발생하지 않았겠지.

쇠고기 약 1킬로그램을 생산할 때 이산화탄소 배출량은 승용차 한 대가 독일의 고속도로를 250킬로미터나 달릴 때 배출하는 탄소만큼이나 많다고 해. 지금 전 세계에서 키우는 13억 마리나 되는 소들의 메탄 배출량은 지구촌 메탄 배출량의 18퍼센트나 차지하고 있어. 메탄은 이산화탄소보다 72배나 더 강력한 기후 온난화 물질이야.

인류가 육식을 절제하지 않는다면 미래에는 고기는 고사하고 곡물과 채소조차 제대로 먹지 못할 거야.

무분별한 지하수 이용

지하수는 땅속 빈 공간에 담겨 있거나 땅속을 흐르는 물이야. 오랜 세월에 걸쳐 천천히 만들어진 물이지. 지하수는 가능하면 미래를 위해 아껴 두는 게 좋아.

그런데 지금 세계의 지하수 수위는 매년 90센티미터씩 낮아지고 있어. 인구가 많고 물 사용량도 많아서 댐이나 보, 인공 호

수 등의 물로는 사용량을 다 따라잡지 못해 지하수를 과도하게 개발한 곳에서 주로 벌어지고 있는 현상이지.

많은 양의 지하수가 모여 있는 지하수층을 '대수층'이라고 해. 대수층의 물은 빙하기의 유산인 경우가 많아. 빙하가 통째로 지하수가 된 경우지.

미국의 대평원 지역에 오갈랄라 대수층이라고 거대한 지하수 층이 있어. 한반도 면적의 두 배가 훨씬 넘는 엄청난 대수층이야. 이 대수층이 미국 관개용수의 35퍼센트를 공급하고 있단다. 덕분에 대평원에 남한 면적의 3분의 2에 달하는 거대한 관개 농지가 생겼지.

그런데 너무 많은 지하수를 너무 빨리 뽑아 쓴 탓에 오갈랄라 대수층의 수위가 점점 내려가고 있어. 이러다가 대평원의 관개 농업이 물 부

지하수를 농업용수로 사용한 뒤부터 전 세계 지하수 수위가 매년 90센티미터씩 낮아지고 있다.

족 때문에 불가능해진다면 정말 심각한 일이 벌어지게 돼. 세계 식량 시장이 요동치고 식량 가격이 치솟게 될 게 뻔하거든. 왜냐하면 미국이 옥수수와 밀, 콩 같은 곡물을 가장 많이 수출하는 나라이기 때문이야. 그 수출 곡물을 가장 많이 재배하는 데가 바로 이 대평원 지역인 거야.

식량은 비싸다고 안 먹을 수 있는 게 아니잖아. 아무리 비싸도 사 먹어야 하지. 그래서 식량 생산량이 조금만 줄어도 가격은 하늘 높은 줄 모르고 한없이 오르게 돼.

실제로 2011년부터 시작된 미국 전역의 가뭄 때문에 2012년에 미국의 모든 농지에서 자라는 옥수수가 제대로 열매를 맺지 못했어. 당연히 수확량이 떨어질 게 뻔했지. 그러자 농산물 가격이 한달 만에 50퍼센트나 올랐어. 옥수수 값만 오른 게 아냐. 옥수수 값이 오르면 다른 곡물이나 고기, 채소 등 모든 식료품 값도 덩달아 오르게 되어 있어. 옥수수 사료를 먹는 가축의 가격이 오르고, 그 때문에 육류 가격도 오르고, 비싼 옥수수를 피해 다른 곡물을 더 찾게 되니까 그 곡물 값도 오르는 식이지.

자기 나라 식량 생산이 줄어서 가격이 폭등하는데 그걸 싼 값에 다른 나라에 팔 나라가 있겠니? 팔아도 엄청나게 비싸게 팔겠지! 이래서 세계 식량 시장이 요동치게 되는 거야. 가뭄에 시달리는 미국의 곡창지대가 세계의 식탁을 흔들고 있는 거지. 그나마 이 지역의 곡물 생산을 떠받치는 게 지하수인데 그 지하수가 나오는 대수층이 점점 말라가고 있으니 보통 큰일이 아니지.

지하수 개발에 관한 더 위험한 사례는 사우디아라비아가 지하 대수층을 개발한 일일 거야. 이 나라는 석유를 팔아서 먹고사는 나라야. 그러다 보니 석유가 떨어지면 식량 구할 일이 제일 걱정이야. 건조한 사막 지대에 위치하고 있어서 농업이 아주 취약하거든. 그래서 석유를 팔아 번 돈으로 1975년부터 사막 지하에 있는 대수층에서 지하수를 뽑아서 밀농사를 짓기 시작했어. 1980년대 중반부터는 먹고 남은 밀을 수출까지 했지. 하지만 그 밀의 진짜 생산 가격은 세계 평균 밀 생산 가격보다 5배나 더 비쌌어. 지하 대수층에서 물을 뽑아 올려 사막을 농토로 바꾸는 데 들어간 돈이 어마어마하기 때문이지.

석유로 번 돈이 많아서 할 수 있는 일이었지만, 지하수가 고갈되면 바로 중단될 수밖에 없는 일이었어. 아니나 다를까, 20년 이상 그렇게 지하수를 낭비하는 밀농사를 짓자 사우디아라비아의 대수층은 2008년부터 말라붙기 시작했어. 결국 2012년부터는 아예 밀농사를 지을 수 없는 지경에 이르렀단다.

해수 담수화

해수를 담수로 바꾸는 기술로 주로 사용되는 것은 증발법과 역삼투법이다. 증발법은 바닷물에 열을 가해 증발하는 물을 응결시켜 담수를 얻는 방법이다. 풍부한 에너지 자원이 있는 중동 지역에서 주로 이용하는 방식이다. 이 방식의 해수 담수화 플랜트 시장에서 가장 강자는 우리나라 두산 중공업이다. 역삼투법은 물은 통과시키지만 물속에 녹아든 염분 등의 물질은 투과시키지 않는 역삼투막에 바닷물을 통과시켜 담수를 얻는 방법이다. 역삼투법이 증발법보다 에너지 비용이 3배 이상 싸기 때문에 역삼투법 플랜트 시장이 점점 더 커지고 있다. 중동과 북아프리카, 중국 등 물이 매우 부족한 국가와 지역을 중심으로 해수 담수화를 하려는 시도들이 계속 늘어나고 있다.

사우디아라비아는 현재 물을 얻기 위해 바닷물을 담수로 만드는 해수 담수화* 시설을 많이 짓고 있어. 해수 담수화는 많은 비용과 에너지가 필요하지. 마실 물을 얻기 위한 거라면 몰라도, 농사지을 물을 담수화 시설로 만드는 건 수지타산이 맞지 않는 일이야. 사우디아라비아의 밀 농사는 다시 볼 수 없는 풍경이 됐지.

지하수를 남용해서 곤란한 상황에 빠진 또 다른 유명한 사례가 있어. 2500만 명이 한 도시에서 살아가는, 세계에서 두 번째로 인구 밀도가 높은 도시인 멕시코시티의 경우야.

멕시코시티는 산으로 둘러싸인 고지대 분지에 자리 잡은 도시야. 이 도시의 물 값은 아주 비싸. 평범한 노동자가 월급의 4분의 1을 물 값으로 쓴다고 할 정도니까. 물이 부족하냐고? 아니야. 물은 많은데 수질이 나빠서 안전하게 마실 수 있는 식수 값이 비싼 거야.

가진 물의 양만 보자면 멕시코시티는 물 부자야. 지하 대수층에 2000만 명이 300년 넘게 써도 남을 정도로 지하수가 많거든.

문제는 멕시코시티가 그렇게 엄청나게 많은 지하수를 품고 있는 땅에 자리 잡은 도시라는 거야. 거의 물 위에 떠 있다시피 한 거지. 멕시코시티는 일찍부터 이 풍부한 지하수를 마구 퍼내 썼어. 엄청난 양의 지하수를 다시 채워지기도 전에 급속하게 빼내 쓰는 바람에 지하에 빈 공간이 생겨 버렸어. 그러자 지하수가 빠져나간 빈 공간이 도시의 무게에 짓눌려 찌그러들었지. 그러면서 멕시코시티의 땅은 매년 15~40센티미터씩 가라앉는 일이 벌어졌지. 멕시코시티는 부랴부랴 서둘러 대책을 마련했어. 1954년부터 새로운 우물을 파지 않고 개발을 중단하고 기존에 사용하던 우물도 여러 개를 폐쇄시켰어. 그 덕에 땅이 꺼지는 수준을 1년에 6센티미터 정도로 안정시켰다고 해.

그렇지만 이미 내려앉은 땅이 땅속에 묻힌 상하수도관을 짓눌러서 하수도의 더러운 물이 지하수에 흘러들기 시작했어. 지하수 수질이 급격히 나빠졌지. 지하 대수층에 아무리 많은 물이 있으면 뭐해? 그 물이 오염되어 마시기 힘들다면 다른 곳에서 물을 가져와야만 하지.

결국 1970년대부터 멕시코시티는 수돗물을 100~150킬로미터 밖의 수원지에서 끌어와야 했어. 상수도 시설을 설치하느라 엄청난 비용이 들었지. 그게 다가 아냐. 장거리에 걸쳐 지어진 수로와 수도 시설을 유지하기 위해 매년 몇 억 달러씩 돈을 써야 해. 풍족한 물을 가지고도 지하수를 오염시키고 남용한 결과 재정 악화에 시달리고 시민의 건강도 잃게 된 불행한 사례야.

물 위기 부르는 기후 변화

지구의 공기는 거의 대부분 산소와 질소로 이루어져 있어. 거기에 수증기, 이산화탄소, 메탄 같은 온실 기체들이 섞여 있지. 온실 기체는 햇빛 에너지를 지구 밖으로 빠져나가지 못하게 온실 같은 역할을 해. 온실 기체 가운데 가장 많은 건 수증기야. 그렇지만 수증기가 지구 온난화에 책임이 있다는 건 아니야. 수증기는 수억 년 동안 비슷한 양이었기 때문에 아주 안정적이지. 문제는 산업혁명 이후 늘어나기 시작한 이산화탄소 같은 온실 기체들이 20세기에 들어서서 갑자기 늘어났다는 거야.

인간에 의한 지구 온난화가 지구 기후를 놀라운 속도로 변화시키고 있다. 이런 상태라면 인류는 21세기 말에 기후 변화 때문에 불행한 일을 당하고 말 것이다!
-기후 변화에 관한 국가 간 패널 보고서

이 보고서에 의하면 기후 변화로 인해 지난 100년간 지구의 평균 기온은 섭씨 0.7도나 상승했고 기온이 높아져서 남북극의 빙하가 녹아서 바닷물이 25센티미터나 높아졌다고 해. 놀라운 건 우리나라의 평균 기온은 그 두 배인 섭씨 1.5도나 높아졌다는 사실이야. 단기간에 산업화가 이루어진 탓에 온실 기체를 집중적으로 배출했고, 또 도시화도 너무 빨리 이루어졌기 때문이지.

   기후 변화는 지난 20세기 중반부터 눈에 띄게 심각해졌어. 오늘날에는 확실한 물의 변화까지 불러왔지. 가장 두드러진 특징은 건조 기후대가 넓어지고 사막화가 빠르게 진행되고 있다는 거야. 태풍과 폭우가 잦아지고 그 강도도 세졌어. 역사상 가장 큰 쓰나미와 태풍 피해가 지난 10년 사이에 다 일어났으니까.* 물로 인한 재해가 자연재해의 95퍼센트에 달한다니 그 위력을 알 만 하지?

   현재와 같은 기후 변화가 계속된다면, 21세기 말에 기온은 섭씨 6.4도 높아지고 해수면은 59센티미터가 높아질 수도 있다고 기후 과학자들

대규모 쓰나미로 인한 일본 방사능 피해

2011년 3월 11일, 일본에서 규모 9.0의 지진이 일어났다. 이 때문에 파도 최고 높이가 37.88미터에 달하는 대규모 쓰나미가 뒤따르면서 2만 896명이 사망하고 5314명이 부상을 입는 등 일본 국토 전역에 큰 피해를 입혔다. 뿐만 아니라 후쿠시마에 위치한 원전에 이상이 생기면서 방사능 누출 사고가 발생했다.

은 예상하고 있어. 그런데 빙하를 연구하는 학자들은 그건 너무 위험을 작게 생각한 거고 '최소한 1미터, 최대 3미터'까지 바닷물이 상승할 수도 있다고 예상해. 만일 북극과 남극 서부의 얼음이 모두 녹는다면 바닷물 수면은 12미터나 높아지게 돼. 더 기후 변화가 심각해져서 남극 동부의

얼음까지 다 녹으면 해수면은 60미터 이상 높아지고 말이야.

이렇게 되면 바다와 강이 만나는 지역에 있는 땅이 위험해져. 60센티미터 미만이건 3미터이건 간에 모두 바닷물에 잠기게 되거든.

그런데 문제는 이렇게 바닷물이 잠기는 땅에 전 세계 사람들을 먹여 살리는 곡창지대가 대부분 몰려 있다는 사실이야. 결국 기후 변화로 인해 지금처럼 계속 바닷물이 상승하면 우리는 굶주림으로 고통을 당하게 될 거야. 그 전에 갑자기 찾아온 빙하기에 접어들어 더 큰 고통을 당하게 될지도 모르고. 지구 온난화라면서 왜 뜬금없이 빙하기냐고? 빙하가 녹은 물은 바닷물이 아닌 민물이야. 민물이 갑자기 많아지면 해양 대순환을 일으키는 심층수의 소금기가 옅어지게 되겠지. 그러면 심층 해류가 만들어지지 못하고 결국 해류의 흐름이 중

단되어 적도에서 시작된 따뜻한
해류가 지구를 흐르지 못하게 돼.
그러다 보면 빙하기가 찾아오는 거지.
    기후 변화가 불러온 당장 급한 문제는
고산지대의 빙하가 빠른 속도로 사라지는 거야.
현재 인류의 반 가까운 수가 고산지대의 눈과 빙하가
녹아 흘러내리는 물을 식수와 농업용수로 사용하고 있어.
히말라야 산맥의 빙하에서 흘러내린 물로 식수와 농경용수
를 마련하는 인구만 30억 명에 달해.
    만일 지금처럼 기후 변화가 계속되어 빙하 녹는 속도가 어
는 속도보다 빠른 상태가 계속된다면, 언젠가 고산지대의 빙하
는 다 녹아 버릴 거야. 그때가 되면 30억 명이 넘는 인류는 마실
물과 농업용수를 어디서 구해야 할까?

기후 변화는 오늘날 지구의 물 문제를 일으키는 주 원인이다. 이산화탄소를 많이
배출하는 석탄이나 석유 같은 에너지 사용을 줄이지 않고, 태양광이나 풍력 같은 다른
대안 에너지 사용을 늘리지 않는다면 인류는 물에 의해 보복을 받을 수 밖에 없다.

4장
댐과 수로, 그리고 물 분쟁

댐과 수로,
물 분쟁은 형제간이다

더 많은 댐이 물 위기를 해결할까?

 지난 세기 내내 지구 곳곳에서 강과 하천이 더럽혀지고, 지하수가 재생될 시간을 주지 않고 마구 퍼 올려 쓰는 일이 벌어졌어. 거기에 더해 기후 변화로 지구 곳곳에서 가뭄과 홍수가 더 자주 발생하게 됐지. 그 모든 일들이 물을 안정적으로 확보하는 걸 더 어렵게 만들었어. 그래서 세계 각국이 제일 먼저 시도한 일이 물 공급을 늘리기 위해 댐과 수로를 더 많이, 더 크게 짓는 거였어.

그렇게 해서 생겨난 것이 농업용수는 물론 산업용수와 생활용수를 공급하고 거기에 수력 전기도 생산하는 거대한 다목적 댐들이었어.

다목적 대형 댐 건설 시대를 연 것은 1930년, 미국의 테네시 강 유역 개발 사업이야. 그때부터 1970년대까지 전 세계에서 댐 건설 붐이 일어났지. 대형 댐은 기초에서 꼭대기까지 높이가 15미터 이상인 댐을 말해. 이 기준에 못 미쳐도 댐이 품고 있는

인류 최초의 댐

역사상 최초의 댐은 4900년 전 이집트 문명의 옛 수도인 멤피스 인근에 건설됐다. 한편 중국도 황하 문명 말기인 한나라 초기에 댐을 세웠다.

물의 양이 많거나, 전력 생산량이 많으면 대형 댐으로 쳐. 1960년대에는 세계 곳곳에 매일 15미터 이상의 대형 댐이 한 개 이상 건설됐고, 1990년대에는 하천 10개 중 7개에 하나 이상의 댐이 들어섰어.

중국은 댐이 가장 많은 나라야. 세계 댐의 거의 절반이 중국에 있다고 해도 과언이 아닐 정도로 많아. 우리나라에도 국제 대형 댐 위원회에 등록된 대형 댐이 1214개나 있어.

댐들이 과연 물 문제를 해결했을까? 결론부터 말하자면 '아니야'야. 그랬다면 오늘날 인류가 겪는 물 문제는 없었겠지. 물론 댐은 홍수를 방지하고, 가뭄 때에 필요한 물을 확보하는 데 도움이 됐어. 또 물 공급을 늘려 식수 문제를 해결하고, 관개 농업 면적을 넓혀 식량 생산에 이바지하거나 수력 발전으로 전력을 공급하는 등 여러 가지 기여를 했지.

하지만 댐은 건설하는 과정에서 주변의 자연 생태계를 엄청난 규모로 파괴할 수밖에 없어. 큰 댐일수록 자연 파괴는 더 심하지.*

댐은 지혜롭게 건설하고 현명하게 관리해야 하는 물 시설이야. 댐이 가져온 긍정적인 효과와 부정적인 결과를 이집트 경우에서 살펴볼게.

댐 건설과 자연 파괴

대규모 댐은 여러 가지로 해로운 영향을 미친다. 넓은 지역이 물에 잠기게 되어 그곳에 살던 동식물들이 사라지고, 주민들은 보금자리였던 집과 토지를 떠나야 한다. 또한 물의 흐름을 둔화시키고 수온을 높이고 영양물질을 축적시켜 물을 오염시키고 생물의 생태계를 파괴하는 역효과도 불러온다.

가장 찬란한 고대 문명의 하나였던 이집트가 단 하나의 댐 때문에 고민에 빠졌어. 그 댐이 만들어지기 전 이집트 나일 강은 매년 규칙적으로 홍수가 나서 들판이 물에 잠기곤 했대. 예전에는 기술과 지식 부족으로 물이 빠지지 않게 보를 만들어 막기만 하고 그것을 그대로 내버려 두었지. 하지만 그 덕에 기름진 땅을 얻을 수 있었어. 홍수로 범람한 물이 나일 강 상류에서부터 영양물질을 담은 진흙을 머금고 있었거든. 그 물이 땅을 흠뻑 적시고 나면 다시 보를 터서 물이 강으로 빠져나가게 했지. 그 뒤에 농사를 지으면 비료를 따로 줄 필요도 없었고, 물이 빠질 때 이전에 쌓인 소금기를 비롯한 염류를 쓸어가서 염화 현상*도 막을 수 있었단다. 그래서 나일 강 주변의 농지는 염화 현상으로 고통을 겪지 않은 채 고대에서부터 현대까지 지속적으로 관개 농업을 해 올 수 있었어.

나일 강을 현명하게 이용하던 이집트가 댐에 의존한 농사를 짓기 시작한 건 현대에 들어와서야. 1952년에 이집트 정부는 나일 강의 홍수를 막기 위해 거대한 아스완하이댐을 짓기로 했어. 1960년에 건설을 시작한 이 댐은 1970년에 완공됐지.

염화 현상

강이나 호수 같은 민물 속에는 순순한 물만 있는 게 아니라 아주 적지만 소금기를 비롯한 다양한 염류가 들어 있다. 물을 끌어와서 농작물에 관개를 하면 작물이 물을 빨아들이고 남은 물은 증발한다. 그러나 염류는 그대로 지표면에 남는다. 오랜 세월 관개를 하다 보면 흙에 염류가 많아져서 작물들이 물을 잘 빨아들이지 못하게 된다. 이런 땅에서는 농작물이 자라기 힘들어 농사를 망치게 된다. 홍수처럼 많은 물이 일시에 농경지를 휩쓸면 이전에 쌓인 염류도 함께 휩쓸어 가기 때문에 염화 현상을 줄여 준다. 나일 강은 주기적으로 홍수를 일으켰기 때문에 농토에 소금기를 비롯한 염류가 지나치게 쌓이는 걸 예방할 수 있었다. 이것이 이집트 나일 강 주변의 농업 지대가 고대에서부터 현대까지 지속적으로 관개 농업을 해 올 수 있었던 비밀이다.

나일 강 강물이 상류에서 싣고 온, 영양분이 많은 진흙이 아스완하이댐에 막혀 댐 안쪽에 가라앉아 댐 하류로 흐르지 못하게 되자 댐 아래쪽의 농토들은 영양분을 공급받지 못해 척박하게 변했다. 그러자 농부들은 화학 비료를 더 많이 사용하게 되었고, 땅은 점점 더 메마르고 오염되어 갔다.

이 댐은 나세르 호라는 댐 건설로 생긴 인공 호수를 거느리고 있었는데, 나일 강물을 3년 동안 저장할 수 있을 정도로 거대한 규모였어. 아스완하이댐이 만들어지자 주기적으로 일어났던 나일 강 홍수와 가뭄이 사라졌어. 엄청난 규모의 관개 농업도 가능해졌지. 그 덕에 이집트는 1년에 3회나 밀농사를 지을 수 있었고, 쌀, 옥수수, 면화의 생산량도 두 배로 늘었어. 게다가 댐에서 만들어지는 전력이 이집트 전체 발전량의 3분의 1을 차지할 정도로 많았어.

　그런데 댐이 공급하는 관개용수는 이전에 자연적으로 나일 강이 범람하면서 공급하던 물과 한 가지가 달랐어. 바로 영양물질을 담은 진흙이 빠져 있었던 거야. 진흙은 높은 댐을 넘지 못하고 댐 속에 가라앉아 버렸어. 이집트의 농토는 더 이상 비옥하지 않게 됐지. 그 바람에 이집트는 화학비료를 엄청나게 많이 사용하는 나라가 됐어. 그 비료를 만들기 위해 댐이 생산한 전력을 또 엄청나게 많이 소비해야 했지.

　그리고 진짜 문제가 시작됐어. 물을 줄 순 있어도 예전처럼 보를 터서 물을 빼는 일을 할 수 없게 되자 토지에 소금기가 끼는 염화 현상이 시작된 거야. 자연히 농업 생산력이 줄었지. 그러자 생산력을 회복하려고 점점 더 많은 화학 비료와 농약을 사용하게 되었어. 게다가 나일 강이 더 이상 진흙을 실어나르지 않게 되면서 오랜 세월 그 진흙이 쌓여 만들어진 비옥한 삼각주(강이 바다로 들어가는 어귀에 강물이 운반해 온 모래나 흙이 쌓여 이루어진 편평한 지형)가 매년 70미터씩 바다에 깎여 나가는 일까지 생겼어. 벌써 60년 가까이 벌어지고 있는 일이지.

 아스완하이댐은 이웃나라와 분쟁도 불렀어. 이 댐은 워낙 커서 상류의 물을 거의 다 빨아들여. 그런데 나일 강은 에티오피아와 수단 등 이웃 나라에서부터 흘러내려오는 국제적인 강이야. 그런 나라들은 이집트가 나일 강을 자기 나라만 유리하게 이용하는 것에 불만을 품고 제각기 수력 개발 사업을 계획했어. 이집트로서는 그런 나라들이 나일 강 상류에서 먼저 강물을 가져가면 아스완하이댐에 필요한 물을 확보하지 못하게 되잖아. 그런 이유로 상류 국가들의 수력 개발 사업을 막고 있지. 전쟁도 불사한다는 이집트의 협박과 군사력에 눌려 나일 강 상류의 나라들은 수력 개발 사업을 아직 못하고 있지만 포기한 건 아냐.

 나일 강물의 분배를 둘러싼 다른 나라와의 갈등과 아스완하이댐이 일으키는 지속적인 환경 악화는 이집트의 큰 짐이 되고 있어. 아스완하이댐이 성공적인 물 사업이었다고 할 수 있을까?

세계에서 가장 거대한 댐

세계에서 가장 거대한 댐은 중국에 있는 샨샤댐이다.

샨샤댐은 1994년에 건설하기 시작하여 지난 2009년에 완공됐다. 양쯔 강 상류 후베이성 이창 지방의 취탕샤, 우샤, 시링샤라는 세 계곡을 막아서 높이 185미터, 제방 길이 2309미터, 댐 자체의 폭은 15미터나 되는 세계 최대의 댐이 만들어졌다. 이 댐은 우리나라 소양강댐보다 13배 이상 더 많은 390억 톤의 물을 저장할 수 있다고 한다. 이 물로 샨샤댐은 우리나라가 생산하는 전력의 30퍼센트나 되는 1820만 메가와트의 전력을 생산할 수 있게 됐다.

샨샤댐은 너무나 거대한 규모여서 만들 때부터 댐이 완공되면 어떤 일이 벌어질 것인지에 걱정이 많았다. 양쯔 강에만 사는 민물돌고래의 멸종 등 생태계 피해는 당연한 거였고, 댐에서 상류 쪽으로 660킬로미터나 떨어진 곳까지 이르는 거대한 인공 호수는 10개의 도시를 완전히 수몰시켰다. 게다가 농지 440제곱킬로미터도 물에 잠겼다. 수몰을 피해 고향을 떠나야 했던 사람만 250만 명이 넘었을 정도다.

그런데 댐이 물을 저장하기 시작한 지 2년이 되는 해부터 양쯔 강의 수질은 급격하게 나빠지기 시작했다.

원래 흐르는 물을 가두면 썩는 법이다. 샨샤댐의 인공 호수가 물을 저장하면서 양쯔 강에 흐르는 물의 양이 뚝 떨어져 양쯔 강의 물은 2008년에는 142년 만에 가장 낮은 수치를 기록했다. 뿐만 아니라 댐에 가두게 될 390억 톤의 물 무게가 인근 지역에 지진을 부를 수도 있다는 예측도 있다. 이처럼 샨샤댐은 수질 오염과 생태계 파괴라는 대형 댐의 역효과를 알려 주는 시설로도 유명해졌다.

아랄 해를 말려 버린 대수로 사업

 소련 연방*이라는 국가가 있던 시절, 아랄 해는 중앙아시아 5개국 가운데 카자흐스탄과 우즈베키스탄의 국경에 자리 잡고 있는 세계에서 네 번째로 큰 호수였어. 소금기가 있는 염호였지. 이 호수로 시르다리야 강과 아무다리야 강이 중앙아시아 5개국을 두루 거쳐 흘러들어 가지.

소련은 아랄 해로 흘러드는 두 강의 하류에 있는 우즈베키스탄과 투르크메니스탄 지역에다 면화 재배지를 만들기로 했어. 면화 재배용 관개용수를 공급할

소련 연방

1917년에 러시아에서 '10월 혁명'이라는 사회주의 혁명이 일어나 볼셰비키라는 정당이 정권을 잡았다. 1922년에 이들을 중심으로 러시아에서부터 그루지야까지 15개 나라가 연합해서 '소련 연방'이라는 나라가 만들어졌다. 동유럽에서부터 동북아시아에 이르는 광대한 영토를 가진 이 나라는, 1991년에 연방에 소속된 나라들이 독립하면서 해체됐다. 소련 연방에는 아시아 지역의 중심부에 모여 있는 5개 나라인 우즈베키스탄, 카자흐스탄, 키르기스스탄, 타지키스탄, 투르크메니스탄도 소속돼 있었다. 모두 중앙아시아의 건조 지대에서 국경을 맞대고 있는 나라들이다. 지금은 다 독립했지만, 소련 연방 시절에는 하나의 국가였던 나라들이다.

면화 재배에 아랄 해 호수 물을 끌어다 사용하면서 세계에서 네 번째로 큰 호수였던 아랄 해는 말라 버리고 말았다.

시설이 필요해졌지. 운하와 운하를 연결하고 연장하는 대수로 사업이 1960년대 말까지 계속됐어. 이렇게 완공된 대수로는 면화 재배지에 관개용수를 공급했지. 그곳은 원래 연간 강수량이 100밀리미터밖에 안 되는 사막과 약간의 풀만 자라는 건조 지역이었어. 대수로 사업의 결과는 어땠을까?

면화 생산은 크게 늘었어. 하지만 아랄 해는 말라 버리고 말았어. 1960년 이전에 아랄 해로 흘러드는 아무다리야 강과 시르다리야 강의 강물은 매년 55~60세제곱킬로미터나 됐었지만, 1990년 이후엔 원래의 10퍼센트에도 못 미치는 강물만 아랄 해에 당도할 수 있었지. 그 이후에도 아랄 해에 흘러드는 강물은 점점 줄어들더니 이젠 강물이 전혀 닿지

아랄 해는 소금밭으로 변해 살충제와 농약으로 오염된 아무것도 할 수 없는 황무지가 되어 버렸다.

않게 되었어. 강물이 아랄 해에 도착하기 전에 이미 상류에서 대수로를 통해 면화 재배지로 다 빠져나가기 때문이야.

 강물이 유입되지 않자 아랄 해 수위는 매년 낮아지다가 1990년에 두 개의 호수로 나뉘었고, 이젠 거의 다 말라붙어 버렸어. 그 바람에 1950년대까지 명성을 누리던 아랄 해의 어업은 1990년이 되자 사라지고 말았지. 아랄 해에만 살던 물고기들은 거의 멸종됐고, 아주 짠물에도 살 수 있는 4종만 겨우 살아남았어. 이게 다가 아니야.

 호수가 마르자 진짜 문제가 시작됐어. 바닥까지 말라붙은 호수가 소금밭이 된 거야. 바람이 불면 엄청난 소금가루가 날리기 시작했지. 소금

가루는 면화밭으로 날아들었어. 면화 생산량이 크게 떨어졌지. 사람들은 목화를 살리겠다고 엄청난 농약을 뿌려 댔지. 막대한 농약 사용은 다시 식수 오염을 불렀어. 아기 엄마들의 모유에서조차 농약 성분이 나올 지경이 될 때까지 말이야. 소금 바람은 아랄 해에서 200킬로미터나 떨어진 곳까지 불어갔어. 그 바람을 맞은 사람들은 눈병과 두통 등 여러 가지 병에 시달리게 되었어.

 아랄 해는 대한민국 면적의 70퍼센트에 가까운 6만 6400제곱킬로미터나 되는 큰 호수였지만, 이젠 세계에서 제일 짠물이 조금 남은 육지가 되고 말았지. 1993년에 아랄 해 주변의 중앙아시아 5개국은 '아랄 해 살

중앙아시아 5개국의 물을 둘러싼 반목과 갈등

시르다리야 강의 상류에 있는 키르기스스탄은 에너지 빈국으로, 여름부터 댐들에 물을 채워 겨울에 수력 발전을 해야 겨울 추위를 날 수 있다. 아무다리야 강 상류의 타지키스탄도 비슷한 사정이다. 그러나 하류의 우즈베키스탄과 투르크메니스탄, 카자흐스탄은 여름에 관개수를 강물에서 끌어와 면화 농사를 지어야 한다. 키르기스스탄은 우즈베키스탄에 여름에 필요한 물을 보낼 테니 수력 발전 댐을 지어 전기를 올려 보내라고 제의했다. 하지만 세계 10위권의 천연가스 대국인 우즈베키스탄은 이를 거절했다. 인종과 종교의 갈등이 잠복된 중앙아시아 5개국이 말라 버린 아랄 해와 소금밭이 된 그 바다로 흘러드는 강들의 운명을 두고 여전히 성과 없는 대화를 거듭하고 있다.

리기 국제 기금'을 만들어 수자원을 공평하게 이용하기로 합의했어. 하지만 약속은 지켜지지 않은 채 서로 갈등만 반복하고 있지.*

소련이 개간했던 면화 재배지에 설치된 관개수로들은 오래된 것이라 대부분 낡아서 관개 효율이 크게 떨어진 상태야. 관개용수의 반 이상이 낡은 수로에서 새어 나가거나 증발해 버리고 있지. 엄청난 물 낭비가 계속되고 있는 셈이야.

사실 중앙아시아 5개국의 수자원 양은 절대 부족하지 않아. 오히려 다섯 나라의 두 배가 넘는 사람들이 사용하고도 남을 정도로 많지. 그 많은 물을 낡고 비효율적인 대수로와 관개 농업이 낭비하고, 자기 나라만 이기적으로 사용하려는 욕심 때문에 이 지역의 물 문제는 꼬여만 가고 있는 거야.

아랄 해에서 증발한 수증기와 구름은 아무다리야 강과 시르다리야 강이 시작되는 고지대 빙하의 뿌리 가운데 하나였어. 빙하의 재료인 아랄 해의 수증기와 구름이 사라졌으니 큰 뿌리가 잘린 빙하가 언제까지 물을 흘려보낼 수 있을까? 강을 다시 살리고 아랄 해를 복원해야 이 지역의 물 문제가 해결될 텐데 그날은 여전히 멀어 보여. 사막을 농지로 바꾼 소련의 대수로 사업은 과연 현명한 물 이용 사업이었을까?

중동 전쟁은 물 전쟁

지금 세계 곳곳에서는 물 때문에 전쟁이 벌어지고 있어. 이런 '물 전쟁'은 사실 오래전부터 있어 왔어.

가장 오래되고 유명한 물 전쟁은 3400년 전부터 시작돼 지금도 계속되고 있는 이스라엘과 팔레스타인 간의 갈등이야.

성경에는 에굽(이집트)에서 해방된 유대인들이 40년 동안 신이 약속한 '젖과 꿀이 흐르는 땅(가나안)'에 들어가지 못하고 팔레스타인 광야를 유랑했다는 얘기가 나와. 유대 민족이 40년의 광야 생활을 끝내고 가나안에 들어가던 당시, 유대 민족의 지도자는 모세의 뒤를 이은 여호수아

가나안 정복 전쟁은 유대 민족이 가나안을 차지하게 되는 과정으로, 이 전투의 승리로 유대인들은 유대 왕국을 건설했다.

였어. 그리고 그가 지휘한 군대가 가나안 지역의 팔레스타인 도시들을 점령해 이스라엘 왕국의 기초를 세웠지. 역사 학자들은 유대 민족이 가나안을 차지하게 되는 과정을 '가나안 정복 전쟁'이라고 불러.

가나안 정복 전쟁은 기원전 1400년경에 벌어진 일이야. 첫 전투이자 가장 잔인한 전투였던 여리고성 전투는 사실상 유대 군대가 여리고성의 모든 생명을 살육한 학살이었어. 이 전투의 승리로 유대인들은 가나안 땅 전역에 무서운 이름을 떨쳤고, 공포에 질린 다른 성들을 차례로 점령해 유대 왕국을 건설했던 것이지.

　가나안 정벌에 성공해 세운 유대 왕국은 나중에 남과 북의 두 나라로 갈라지게 돼. 그 후 이 나라들은 페르시아와 이집트, 로마의 식민지가 됐어. 기원전 66년과 서기 115년에 유대 민족은 두 차례나 로마에 저항해 독립 전쟁을 벌였지만 결국 패하고 말았어. 그 후 유대인들은 세계 각지로 흩어졌지. 로마가 기독교를 공인하면서 신의 아들인 예수를 십자가에 못 박아 죽인 유대인들이 설 자리가 없어졌거든. 그 뒤로 1900년 가까운 세월이 흘렀어도 유대인들은 민족적인 정체성을 잃지 않고 다시 팔레스타인으로 돌아가 나라를 다시 세우려고 했어.

　2차 세계 대전이 끝난 뒤 열린 1947년 11월, 유엔(UN) 총회에서 팔레스타인 면적의 반 이상에 유대 국가를 세울 수 있다는 결정이 내려졌어. 그동안 독립 국가를 건설하려고 끈질기게 유엔에 압력을 가한 유대인들의 시도가 성공한 거야. 이 지역에 거주하는 유대인과 팔레스타인 사람의 수는 4 대 6 정도로 이스라엘이 적었지만, 이 결정으로 유대인들은 더 넓은 땅을 받았어. 팔레스타인 땅을 분리해 유대인과 아랍인이 나눠 가지고 각자 독립하게 됐던 거지.

　마침내 1948년 5월 14일, 이스라엘이 건국했어. 팔레스타인에서 살아온 아랍인들로서는 인정하기 힘든 일이었지. 이스라엘이 건국을 선언한 다음날 이슬람 형제 국가인 이집트 공군이 이스라엘을 폭격했어. 1차 중동 전쟁이 시작된 거야. 그러나 미국이 이스라엘을 지원하면서 이 전쟁은 이스라엘의 승리로 끝났어.

　2차 중동 전쟁은 1956년, 이집트 나세르 대통령의 수에즈 운하 국유

화에 반발한 영국과 프랑스, 이스라엘 연합군이 이집트를 공격하면서 시작됐어. 그러나 이건 명백한 침략 전쟁이었기 때문에 국제 여론이 이집트를 편들었지. 결국 이스라엘 연합군은 철수했어.

3차 중동 전쟁은 물 문제가 전쟁의 직접적인 원인이 됐어. 요르단 강은 시리아, 요르단, 이스라엘을 흘러가는 이 지역의 중요한 수자원이야. 이스라엘은 1948년 건국과 동시에 요르단 강물을 해안의 도시와 네게브사막까지 끌어오려는 계획을 세웠어. 그렇지만 시리아에게도 요르단 강의 강물은 꼭 필요한 거였지. 그래서 이스라엘이 요르단 강물을 끌어가지 못하게 하려고 요르단 강으로 흘러드는 두 개의 강이 요르단 강에 합류하기 전에 시리아로 끌어온 뒤, 그 물을 저장해 두려고 댐을 만들기 시작했어. 이스라엘 입장에서는 요르단 강 물줄기가 끊기게 된 거야.

1964년 4월, 이스라엘은 폭격기를 동원해 시리아의 댐 건설 현장을 폭파해 버렸어. 그러자 1964년 6월 5일, 이집트가 시리아를 도와 전쟁에 나서고 요르단이 합세하면서 전쟁은 아랍 연합국 대 이스라엘의 대결로 확대되고 말았어. 이스라엘은 압도적인 공군력을 동원해 이틀 만에 아랍 연합군 공군을 격파하고 4일 만에 이집트 시나이반도를 점령한 뒤, 요르단 강 서쪽의 지하 대수층 지역과 시리아 국경에 있는 골란 고원 수자원 지역을 점령했지. 유엔이 전쟁을 그만두도록 권고해서 전쟁은 6일 만에 이스라엘의 승리로 끝났어.

하지만 그것으로 끝이 아니었어. 이집트는 다시 전쟁을 준비해서 1973년 10월 5일에 이스라엘을 먼저 공격했어. 3차 전쟁에서 수자원 지

이스라엘과 팔레스타인 사이의 오랜 갈등과 전쟁은 종교와 역사에서 기인하지만, 근본적인 원인은 물을 차지하기 위한 것이다.

역인 골란 고원을 뺏긴 시리아도 전쟁에 참가했지. 4차 중동 전쟁이 벌어진 거야. 이번 전쟁에서는 이집트가 이스라엘을 압도했어. 그러나 미국이 개입해 이스라엘을 도우면서 전세가 역전됐지. 결국 4차 중동 전쟁도 이스라엘의 승리로 끝났어.

이스라엘은 시리아, 레바논, 요르단, 이집트 등 이슬람 국가들이 몰려 있는 곳에 위치한 다른 종교와 역사를 가진 국가야. 더구나 그들이 차지한 국토는 이스라엘의 '가나안'이기도 하지만, 이슬람을 믿는 아랍인들에게는 거의 1900년 이상 그들이 주도권을 가진 땅, '팔레스타인'이야. 전쟁이 끊이지 않을 수밖에 없지.

　이 지역은 연 강수량이 200~400밀리미터밖에 안 되는 건조 지역이야. 이 지역에서 식량을 생산하려면 관개 농업을 할 수밖에 없어. 관개 농업을 하려면 물이 있는 수원지를 확보해야 하고. 이스라엘이 요르단 강 상류와 골란 고원을 빼앗고 내놓지 않는 것은 그런 이유에서야.

　이스라엘은 성서에 기록된 '젖과 꿀이 흐르는 약속의 땅'을 군사력으로 지키고 있어. '젖을 충분히 짤 수 있을 정도로 양을 많이 키울 수 있는 땅'과 '벌이 꿀을 충분히 만들 수 있을 정도로 꽃이 많이 피는 땅'이란 바로 '물이 있는 땅'이야. 건조 지대에서 물이 있는 곳이야말로 '젖과 꿀이 흐르는 땅'인 거지. 물이 있는 땅을 향한 3400년간의 투쟁이 이스라엘의 역사인 셈이야.

국제 하천을 둘러싼 갈등과 분쟁

세계적으로 두 나라 이상을 흘러가는 강들은 300개가 넘어. 이렇게 국경을 넘어 흐르는 강들을 '국제 하천'이라고 해. 물이 있는 곳에 사람들이 모여 사는 건 당연한 일이어서 현재 인류의 40퍼센트가 국제 하천 부근에서 살고 있지. 국제 하천의 물을 더 많이 이용하려는 국가들의 물 다툼은 늘 있었어. 그 가운데 중동의 유프라테스 강과 티그리스 강을 둘러싼 터키와 이라크, 시리아의 물 분쟁을 살펴볼까 해.

터키는 지리적으로 볼 때 이라크와 시리아 위에 위치한 나라야. 터키에는 옛 메소포타미아 문명의 젖줄인 유프라테스 강과 티그리스 강이 시작되는 땅인 아나톨리아 고원이 있어. 이곳에서 유프라테스 강물의 90퍼센트, 티그리스 강물의 40퍼센트가 만들어지지. 오랜 세월 두 강은 세 나라를 흘러왔지만, 터키가 1984년에 수자원 개발 사업을 시작하면서 세 나라는 갈등에 빠져들게 됐어.

터키의 수자원 개발 사업은 그저 큰 댐 하나 세우는 정도로 작은 규모가 아니었어. 터키의 계획은 유프라테스 강과 티그리스 강에 총 22개의 대형 댐을 건설해 1만 7000제곱킬로미터의 관개 농지를 조성한다는 거였지. 동시에 이 사업은 수력발전소를 19개 건설해 연간 2만 7000기가와트 이상의 전력을 생산하는 전력 개발 사업이기도 했어.

터키는 댐이 가둔 물과 생산한 전력을 가지고 아나톨리아 지방 전체를 완전히 탈바꿈시킨다는 계획을 가지고 있어. 터키의 국운이 달린 국토 개조 사업이라고 할 수 있지. 지금까지 진행된 사업을 통해 터키는 이미 관개 농지 면적을 두 배로 늘렸어. 그렇지만 이 사업 때문에 시리아, 이라크와 갈등이 깊어졌지.

터키는 사업 초기인 1987년에 시리아, 이라크와 '유프라테스 강물 공유에 관한 협약'을 맺었어. 이라크와 시리아에 유프라테스 강의 물을 얼마나 보내줄 것인지에 대해 이 협약으로 정해 둔 거지. 그렇지만 터키는 국내 물 사정이 여의치 않으면 이 약속을 어겼어. 이라크와 시리아도 지금보다 터키가 보내 주는 물의 양이 더 많아야 한다고 주장하고 있지.

두 강이 국제적인 하천인 것은 틀림없는 사실이지만 유엔이 터키의 독단적인 사용을 막기는 어려워. 1997년 유엔은 '국제 하천의 이용에 관한 협약'을 만들었지. 그렇지만 터키는 이 협약을 위반한 적이 없어. 터키는 이 협약에 처음부터 가입하지도 않았거든! 그러니까 협약을 위반했다고 이라크와 시리아가 터키를 국제 사법 재판소에 고발할 수도 없는 거야. 이들은 때로는 협상을 통해서, 또 때로는 서로 '전쟁도 불사한다'는 강경한 갈등 국면을 겪으면서 유프라테스 강을 공유하고 있지.

터키와 이라크, 시리아의 갈등에서 알 수 있듯이, 두 나라 이상에 걸쳐 있는 국제적 수자원을 이용하는 데는 두 가지 상반된 주장이 대립되고 있어. 하나는 터키의 입장, 다른 하나는 이라크와 시리아의 입장을 대변하고 있지.

우선, 터키의 입장을 대변하는 생각은 이래.

'모든 국가는 자기 땅 안에 있는 수자원에 대해 절대적 주권을 가진다.'

이 말은 물 상류에 있는 국가인 터키가 하류에 있는 국가들인 이라크와 시리아를 신경 쓰지 않고 물을 독점하겠다는 뜻이야.

분쟁과 갈등의 물이 아니라 평화로운 공존의 물을 만들어 가는 것은 세계 모든 사람들의 과제이자 의무이다.

반대로 이라크와 시리아는, '모든 국가는 다른 나라에서 흘러 들어오더라도 자기 나라를 흐르는 물줄기에 대해서는 권리를 가지고 있다.' 즉, 강 아래쪽에 위치한 국가라고 해도 상류의 강에 대해 권리를 요구할 수 있다는 입장이지. 그러니까 상류 국가는 적정한 양만 사용하고 나머지는 하류로 흘려보내라는 주장이야.

현재 전 세계적으로 국제 하천을 비롯한 국제적인 지하수, 호수 등 여러 나라가 공유하는 물에 관련된 국제 협약만 해도 280여 개가 넘어. 이런 물 관련 국제 협약들의 원칙은 '공유하는 수자원을 개발할 때 먼저 다른 나라와 상의하고, 그 개발이 다른 나라에 피해를 주지 않게 하고, 무엇보다 물을 공평하게 분배'한다는 거야. 유프라테스 강물을 세 나라가 어떻게 이용해야 하는지 알 수 있지.

이렇게 평화로운 물의 이용에 관한 원칙이 있지만 현실 속에서는 여전히 국제 하천을 둘러싼 갈등이 세계 곳곳에서 벌어지고 있어. 유네스코의 제안으로 2004년에 만들어진 '물 협력기구'가 그렇게 물 갈등을 겪는 국가들을 중재하고 각국의 주장을 조정하는 일을 하고 있지만 성공과 실패를 반복하고 있어. 물을 독점하려는 이기심이 평화롭고 현명하게 공유하려는 의지를 계속해서 시험하고 있는 것이 오늘날 우리 지구촌의 현실이야.

생수는 믿을 수 있는 물인가?

물 중에서도 가장 중요한 물은, '먹는 물'이야. 그래서 국가의 기본적인 임무 가운데 하나가 국민들에게 안전하고 위생적인 먹는 물을 공급하는 것이란다.

사람은 일주일 혹은 그 이상 굶어도 살 수 있지만, 물은 사흘만 마시지 못 해도 죽는다.

국가가 국민에게 공급하는 먹는 물은 크게 보면 두 가지가 있어.

하나는 수돗물이고, 다른 하나는 생수야. 수돗물은 강물을 퍼올려 정수해서 가정마다 수도관으로 보내는 거고, 생수는 국가가 생수 회사에게 지하수를 개발해 팔 수 있도록 허가해 준 거야.

우리나라 수돗물은 국가(지방자치단체)와 공기업(수자원공사)이 공급하는 값도 싸고 수질과 위생에 대해 국가가 안전을 보장하는 물이야. 그럼 생수는? 생수의 정체를 알아보기 전에 얘기 하나 할게. 봉이 김선달이 대동강 물을 팔아먹은 이야기야. 모르는 친구들도 있을 테니 간단히 줄거리만 들려줄게.

옛날 평양에는 대동강 물을 떠다가 양반집에 배달하고 돈을 버는 물장수들이 있었어. 평양에 살던 꾀 많은 봉이 김선달이 하루는 한양에서 장사꾼들이 왔다는 소릴 듣고 꾀가 났어. 김선달은 물장수들을 불러 술을 대접하고 돈을 나누어 준 뒤, 대동강에 물을 길으러 갈 때마다 자기에게 그 돈을 조금씩 다시 주라고 부탁했지. 그 다음 날부터 물장수들은 김선달의 부탁대로 했어.

한양 장사꾼들이 가만 보니까 물장수들이 물을 떠 갈 때마다 김선달에게 돈을 주거든. 그래서 김선달에게 어찌 된 일이냐고 물었지. 김선달이 "대동강 물은 대대로 내려오는 우리 집안 것이라 그 물 떠가는 값으로 내게 돈을 주는 거요." 이랬어.

한양 장사꾼들은 김선달에게 대동강 물을 통째로 사서 물 값을 올려 받으면 아주 떼돈을 벌겠다 싶었지. 그래서 싫다는 김선달을 구슬려 황소 60마리 값에 대동강 물을 샀어. 그 뒤 어떻게 됐냐고? 돈을 받은 김선달은 사라지고, 한양 장사꾼들은 대동강 물장수들한테 욕이나 실컷 먹었지.

지금 봐도 주인 없는 강물을 팔아먹은 김선달의 꾀에 혀가 내둘러져. 그런데 여기서 한번 생각해 보자. 만약 오늘날 누군가가 봉이 김선달처럼 실제로 물을 판다면 어떨까? 말도 안 된다고? 하지만 현대판 봉이 김선달의 물장사는 오늘날 분명히 벌어지고 있는 일이야. 우리가 사 먹는 생수가 바로 그것이지.

생수는 기업이 지하수를 개발해 파는 물이라고 했잖아. 생수 회사에게 그런 사업을 할 수 있도록 허가한 건 정부야. 생수 사업은 국가에서 허가한 물장사인 것이지.

국가는 왜 생수 사업을 허가했을까? 국가가 물 회사들에게 생수를 개발해 팔 수 있도록 허가한 애초의 이유는 수도 시설이 없는 곳에 사는 국민들이 편리하게 물을 구할 수 있게 하려는 거였어. 말하자면 수돗물 보조였지.

하지만 너희들도 알다시피 지금 우리는 수돗물보다 오히려 생수를 더 선호하고 있어. 수돗물과 생수가 경쟁할 뿐 아니라 생수가 수돗물을 대신하고 있는 셈이지.

우리나라에서 생수는 1995년부터 판매되기 시작했어. 1991년에 낙동강에서 '페놀 사태'가 일어나 몇 년 동안 수돗물에 대한 불신이 높아졌거든. 페놀은 암을 일으킬 수 있는 아주 유독한 화학물질이야. 한 전자 공장의 실수로 이 물질이 낙동강에 흘러들었어.

낙동강 물을 먹는 대구와 경북 지역, 부산과 경남 지역 전체가 이 사건으로 고통 받았지. 페놀 사태는 우리나라 최대의 물 오염 사건이 되고 말았어. 이 사건 이후 수돗물에 대한 불신이 수년간 높아진 가운데 생수 사업*이 허가를 받게 된 거야.

그런데 문제가 생겼어. 생수 공장이 들어선 지역의 지하수가 줄거나 고갈되기 시작했거든. 지하수가 다시 채워질 때까지 기다리지 못하고 더 많이, 더 빨리 뽑아서 팔았기 때문이야.

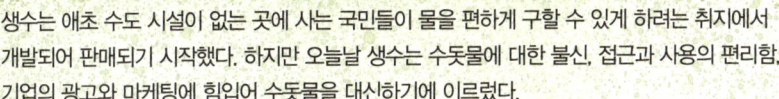

생수는 애초 수도 시설이 없는 곳에 사는 국민들이 물을 편하게 구할 수 있게 하려는 취지에서 개발되어 판매되기 시작했다. 하지만 오늘날 생수는 수돗물에 대한 불신, 접근과 사용의 편리함, 기업의 광고와 마케팅에 힘입어 수돗물을 대신하기에 이르렀다.

생수 사업

우리나라 법으로 정한 생수의 이름은 '먹는샘물'이다. 먹는샘물을 개발하려면 해당 지방자치단체에서 먼저, '지하수가 있나 없나' 조사를 하기 위한 가허가를 얻어야 한다. 가허가 상태에서 지하수 조사를 해서 지하수가 있는 게 확인되고 개발하고자 하면, 먼저 그 동네 주민들과 협의를 거쳐 승낙을 얻어야 한다. 그리고 환경영향조사를 해서 지하수를 뽑아내도 환경과 생태에 문제가 생기지 않는지, 혹 지역 주민들이 사용할 지하수량이 줄어드는 건 아닌지 등을 확인한다. 이 과정을 통과하면 그 다음에 해당 자치단체장의 허가를 받는다. 허가 받은 생수 기업들이 정해진 양 이상의 지하수를 뽑아내는 것은 불법이다. 허가 받은 양 외에 더 늘리려면 추가로 허가를 얻어야 한다. 현재 제주도를 비롯해 공주와 밀양 등 전국 각지의 생수 공장이 들어선 곳에서 뽑아내는 지하수량을 늘리려는 생수 회사와 이를 막으려는 주민들 사이에 갈등이 불거지고 있다.

우리나라 생수 시판은 1988년 서울올림픽 기간에 최초로 허용됐다가 올림픽이 끝난 뒤 금지됐다. 하지만 1995년에 전면 시판이 허용된 뒤 생수 판매량은 지속적으로 증가해 지난 2011년에는 335만4000톤에 달했다. 5천만 국민 한 사람이 500밀리미터 짜리 134병을 사 마신 셈이다.

충청북도 청원군의 초정리 지하수는 한때 세계 3대 광천수로 불릴만큼 수질이 좋은 탄산수였어.

하지만 생수 사업이 시작되면서 너무 많이, 너무 빠른 속도로 뽑아내는 바람에 마치 멕시코시티가 그랬던 것처럼 땅이 꺼지는 일까지 생겼단다.

그런데도 우리나라는 물론 전 세계적으로 생수 시장은 점점 커지고 있어.

세계적인 생수 회사들은 가난한 개발도상국들이 수도 시설이 부족해 위생적인 물이 부족하고, 물 값이 비싸다는 사실을 알고는 가난한 나라에 집중적으로 생수를 팔아서 큰돈을 벌고 있어. 이러니 생수 시장은 점점 더 커질 수밖에 없지. 지난 2008년에만 전 세계에서 1680억 달러의 생수가 팔렸어. 우리나라에서도 매년 5000~6000억 원어치의 생수가 팔리고 있단다. 생수 소비는 매년 10퍼센트 이상 늘어나고 있어.

생수에 대해 사람들은 일반적으로 이렇게 생각하는 것 같아. '수돗물에 비해 더 질 좋은 지하 암반수를, 마시기 좋게 플라스틱 병에 담아 파는 거'라고 말이야.

그러나 이것은 진실과 달라. 우선 '천연 암반수'라고 해도 지하수는 땅에 오염 물질이 침투할 수 있기 때문에 꼭 위생 처리를 해야 돼. 게다가 플라스틱 병에 담아서 그 물이 팔리는 곳까지 옮겨야 하잖아. 또 그

과도한 지하수 개발은 멕시코시티나 초정리의 경우처럼 지반 침하 같은 재난을 부르기도 한다.

곳에서도 다시 팔릴 때까지 기다려야 하지. 즉, 생수는 지하수를 뽑아서 용기에 담아 팔릴 때까지의 기간이 길어. 생수는 병에 담은 뒤 1년 정도 유통될 수 있다고 해. 그렇다면 그 시간 동안 우리가 생각하는 것처럼 물이 위생적으로 안전하게 유지될 수 있을까?

2011년 3월, 한 방송사에서 우리나라에서 판매되는 생수 46개 제품을 검사해 보았어. 그랬더니 60퍼센트가 넘는 28개 제품에서 일반 세균이 검출됐다고 해. 더 놀라운 건 기준치의 100배에 달하는 1밀리리터 당 1만 마리가 넘는 제품도 12개나 됐고. 2009년 6월에 환경부와 서울시가 했던 생수 수질 조사 결과는 더 충격적이야. 세계보건기구가 발암 물질로 규정하고 있는 브롬산염이 기준치가 넘는 상태로 들어 있는 생수 제품들이 무더기로 발견되었거든.

그 뿐만이 아니야. 생수는 기후 변화를 재촉하는 물이기도 해. 생수를 담아 파는 페트병을 만들고, 그 병에 담을 지하수를 펌프를 돌려 퍼 올리고, 그 물을 페트병에 담아 포장한 뒤 곳곳의 판매소까지 배달하는 이 모든 과정에서 에너지가 소비되고 이산화탄소가 배출되거든.

그러나 더 큰 문제는, 생수 사업으로 인류와 생태계 동식물 모두의 것인 지하수를 물 기업이 독점한다는 사실이야. 생수 기업은 지방자치단체나 국가에 세금을 내기 때문에 지하수를 빼내 쓸 권리가 있다고 주장하지.

유엔은 생명을 유지하고 정상적인 생활을 하기 위한 '물 사용의 권리'가 '인간의 기본 인권'이라고 규정하고 있어. 이런 시각에서 본다면 생

500밀리리터 생수 한 병이 생산돼 소비되고 빈 페트병을 처리하기까지의 탄소 배출량은 59.5~64.5그램이라고 한다. 우리나라 국민 1인당 생수 소비량은 2005년 19.5리터에서 2014년에는 30.6리터로 늘어날 것으로 예상된다.

수 회사가 지하수를 개발해 판매하는 걸 옳다고 할 수 있을까? 더구나 고갈과 오염에 시달리는 지하수의 현실을 생각한다면, 생수 회사들이 모든 지구 생명체의 공유 자원인 지하수를 헐값에 독점한다는 비판을 피할 수 없어.

수돗물의 안전성 문제

　70~80년대만 하더라도 수돗물은 누구나 안전하다고 생각하고 마실 수 있는 물이었다. 체육 수업이 있는 날이나 여름이면 학교 운동장에 있는 급수대로 달려가 수도꼭지를 틀고 나오는 물을 벌컥벌컥 마셨다. 가정에서도 마찬가지.

　그러나 언제부턴가 우리는 수돗물은 씻거나 청소, 채소나 식물을 기르는 물로 사용하고, 마실 물은 생수를 사 먹거나 정수기를 들여 놓고 거기에서 나오는 물을 사용한다. 길거리나 공공장소에서도 급수대가 사라지고 편의점이나 음식점 등 온갖 장소에 생수가 넘쳐나고 있다. 그만큼 수돗물에 대한 불신이 커진 탓인데, 정말 수돗물은 안전하지 않은 물일까?

　수돗물은 강물을 재료로 정수장에서 만든다. 그 과정을 간단하게 살펴보면 다음과 같다. 정수장에 끌어들인 강물은 일단 착수정에 담아 둔다. 그 뒤 혼화지에서 약품 처리를 해서 물속의 이물질들을 덩어리지게 만든다. 그것을 침전지로 보내 이물질들을 가라앉힌 뒤 깨끗해진 물만 여과지로 보낸다. 여과지에서는 물을 모래층을 통과시켜 한 번 더 깨끗하게 정수한다. 정수한 물에 염소를 넣어서 살균을 하면 수돗물이 된다.

우리나라 '수도법'은 '가정의 수도꼭지에서 나오는 수돗물은 1리터당 0.1밀리그램 이상의 염소가 들어 있어야 한다.'고 규정하고 있다. 일반세균, 대장균 등 미생물로부터 안전성을 확보하기 위해서다.

우리나라의 수돗물은 미국이나 일본, 나아가 세계보건기구의 식수 기준보다 더 많은 항목을 조사해 이것을 통과한 물이다. 국가 기준은 59개이지만, 지자체별로 추가 기준을 두어 검사하기 때문이다. 서울의 수돗물 수질 기준 항목은 190개, 부산은 263개의 항목을 검사한다. 수자원공사가 공급하는 수돗물은 256개의 항목을 검사하고 있다. 이렇게 수돗물은 늘 위생성을 점검받고 있기 때문에 수질 안전성이 높다.

국가표 수돗물과 회사표 수돗물

물 사용은 우리가 마땅히 누려야 기본 권리야. 국가는 국민에게 위생적이고 안전한 물을 공급할 책임을 지고 있지. 그런데 정부가 물 사업권을 민간 기업에게 넘겨주는 경우가 있어. 그런 정책을 '물 민영화'라고 해. 국가가 관리하던 상하수도 사업을 기업에게 맡기는 거야.

우리나라는 2007년부터 물 산업을 차츰 민영화한다는 내용을 담고 있는 '물 산업 육성 정책'을 추진하고 있어. 국내 물 산업을 장차 수출 산업으로 만들겠다는 게 정부의 계획이지. 이 정책에 따라서 수자원공사 같은 물 사업을 하는 공기업에게 지방자치단체가 상수도 사업을 위탁하고 있어. 그리고 하수도 사업 같은 경우에는 우리나라 기업이 아니라 외국 회사에 사업을 맡긴 지역도 있지.

물 민영화는 과연 바람직한 정책일까? 남미에 있는 볼리비아가 겪은 일을 보면 그렇게 말하긴 어려워.

볼리비아는 외국에 진 빚이 많고, 돈의 가치는 떨어지고 물가는 무섭게 오르는 등 상황이 매우 나빴어. 볼리비아 정부는 1997~1999년 사이에 세계은행과 국제통화기금(IMF)에서 추가로 돈을 빌리기로 하는 대신 정부가 소유하고 있던 공기업을 팔겠다고 약속을 했지. 물을 공급하는 볼리비아 공기업과 물 사업권도 그 대상이었어.

볼리비아 산악 지대의 도시인 코차밤바 시의 수돗물 공급 사업도 볼리비아 정부가 팔겠다고 약속한 것 가운데 하나였어. 그렇게 해서 미국의 '벡텔'이라는 회사가 코차밤바에서 물 사업을 할 수 있는 권리를 샀어. 코차밤바 상하수도 사업권을 2만 달러도 안 되는 헐값에 말이야.

그렇게 사업을 시작한 벡텔은 딱 일주일만에 수돗물 값을 4배나 올렸어. 코차밤바 사람들의 월평균 소득은 70달러 정도였는데, 물 값만 20달러가 넘어가게 생겼지. 수돗물이 너무 비싸 먹을 수 없게 되자 사람들은 빗물을 받아서 먹기 시작했어. 지붕마다 빗물을 받는 물그릇들이 가득했지. 그러자 벡텔은 볼리비아 정부를 압박해 코차밤바 시민들이 빗물을 받아서 먹는 건 불법이라는 법을 만들도록 했어. 세상에 빗물이 자기들 것도 아닌데 이런 말도 안 되는 법을 만들다니! 코차밤바 시민들은 거리로 나와 시위를 시작했어. 시위는 순식간에 전국으로 번졌지. 계엄령이 선포되고 시민들이 죽고 다치는 일까지 생기면서 시위는 네 달이나 지속됐어. 결국 볼리비아 정부는 물 민영화를 취소했어. 그 여파로 당시 볼리비아의 대통령은 사임했어. 이 사건 이후에 볼리비아 국회는 '물 사유화 금지법'을 만들었다고 해.

그런데 불행하게도 이것으로 끝난 게 아니었어. 벡텔은 애초에 다른 나라의 회사들과 연합해서 볼리비아 정부에게 물 사업권을 샀거든. 그 연합 기업들 가운데 하나가 네덜란드의 기업이었어. 벡텔은 볼리비아와 네덜란드가 맺은 '국가 간의 투자 협정 규정'을 들고 나왔어.

투자 협정 같은 국가끼리의 계약에는 어떤 기업이 다른 나라에 진출했을 때 불공정한 일을 당하면 그 기업이 피해를 준 나라를 고소할 수 있다는 내용이 있어. 그걸 '투자자-국가 소송제'라고 부르는데, 벡텔이 이것을 이용한 거야. 벡텔은 볼리비아 정부에게 무려 2600만 달러를 손해 배상하라고 요구했지. 소송은 6년이나 계속됐지만, 판결은 벡텔에게 유리하게 났어. 분노한 볼리비아 국민들은 다시 거리로 나와 시위를 했지. 결국 벡텔은 볼리비아 정부와 합의하고 소송을 포기했어.

이 사건은 물을 민영화하고 다른 나라 기업들에게 넘겨줬을 때 어떤 일이 벌어지는지를 생생하게 보여 줘. 설마 우리한테는 이런 일이 벌어지지 않겠지 하고 생각한다면 그건 너무 낙관적인 생각이야. 우리나라

는 2004년 칠레를 시작으로 많은 나라와 자유무역협정(FTA)을 맺고 있어. 그 가운데는 유럽과 미국도 들어 있지. 그리고 콜롬비아, 오스트리아, 캐나다와는 국회의 비준을 기다리고 있는 상태고, 중국을 비롯해 아랍 여러 나라, 멕시코 등과는 협정을 맺기 위해 협상을 하고 있어. 이들 나라 가운데 유럽 여러 나라와 미국에는 세계 물 시장을 석권하는 물 기업들도 있어.

정부는 '한미 FTA에서 식수는 개방하지 않기로 합의했다'고 말하고 있어. 그런 규정이 있는 것도 맞고. 하지만 그와 동시에 '정부끼리 계약하는 게 아니고, 한국 기업과 미국 기업이 계약할 땐 미국 기업도 물 공급 사업을 할 수 있다'는 합의도 있어!

코차밤바 시민들이 빗물을 받아서 먹는 건 계약 위반이니 당장 금지하는 법을 만드시오!

우리나라 수돗물 공급은 지방자치단체와 수자원공사가 맡아서 하고 있어. 지방자치단체는 정부에 속하니까 걱정 안 해도 되고 공기업인 수자원공사만 미국 기업과 계약하지 않게 하면 되겠네 하는 생각을 할 수도 있겠지.

하지만 우리나라 '수도법'이 정한 물 공급 사업자에는 수자원공사만 있는 게 아니야! 물 시설을 건설할 수 있는 '토목건축 회사'나 '엔지니어

링 회사'들도 '사업자가 될 수 있다!'고 규정하고 있거든. 이런 회사들은 민간 회사라서 미국 기업과 계약할 때 막을 근거가 없어.

　현재 세계 물 산업을 좌지우지하는 기업들은 베올리아, 수에즈, 멕쿼리 같은 다국적 기업들인데, 이런 기업들은 모두 미국에도 회사가 있어. 이 가운데 베올리아는 세계 1위의 물 기업인데, 이미 인천시의 송도·만수 하수처리장을 위탁 운영하고 있어. 또 멕쿼리가 미국에 세운 아쿠아리온이라는 회사도 우리나라에 진출해 이미 10건 이상의 물 사업을 하고 있지.

　물 이용권이 기본 인권이라고 생각한다면 물을 민영화하는 것은 정말 위험한 정책이야. 물이 어떻게 기업의 소유가 될 수 있겠어? 생명을 누군가의 소유로 할 순 없는 거잖아.

물을 아껴야 미래를 지킬 수 있다

서울대학교 기숙사는 지붕에 빗물을 받아 둘 수 있는 저장고를 설치해 빗물을 모아서 화장실이나 정원 용수로 사용한다고 해. 그래서 지난 8년 동안 물 값만 천만 원 이상 절약했대. 그만큼 수돗물을 아낀 셈이지.

만일 전처럼 수돗물을 사용했다면 수돗물 값도 내야 했겠지만, 지구도 더 덥게 만들었을 거야. 수돗물 1리터를 생산할 때마다 169밀리그램의 이산화탄소가 배출되거든.

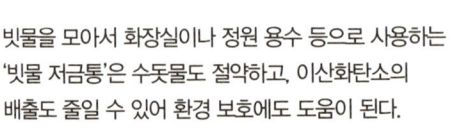

빗물을 모아서 화장실이나 정원 용수 등으로 사용하는 '빗물 저금통'은 수돗물도 절약하고, 이산화탄소의 배출도 줄일 수 있어 환경 보호에도 도움이 된다.

빗물을 이용함으로써 서울대학교 기숙사는 그만큼 지구를 시원하게 한 것이지. 만약 우리나라 전체가 이렇게 한다면 지난 100년 동안 지구 평균보다 두 배 이상 더워진 우리나라에도, 또 지구에도 좋은 일이 되지 않을까?

2012년 우리나라 수도 보급률은 98퍼센트, 1인당 수돗물 사용량은 279리터였어. 여기에는 공업용이나 업무용, 영업용으로 사용된 양이 포함되어 있어. 하지만 가정에서만 사용한 양도 1인당 177리터나 됐어. 대부분의 국민들이 수돗물을 사용하는 만큼 우리 모두가 수돗물을 조금씩만 아껴 써도 절수 효과가 커.

우리나라에서 수돗물을 공급하는 책임은 기본적으로 각 지방자치단체에 있어. 하지만 물 사업을 수자원공사에 맡긴 지역도 있어서 지방자치단체와 수자원공사가 수돗물을 공급하고 있단다. 수돗물을 공급하는 지방자치단체들이 다 재정 형편이 다르고 물 시설도 달라서 지역마다 수돗물 값이 조금씩 달라. 그렇지만 전반적으로 우리나라 수돗물 값은 외국에 비해 싸고, 이용하기에도 편리한 물이야. 전 국민이 값싸고 편리하게 이용할 수 있는 '우리 모두의 물'이기도 하고. 이 물을 우리 손으로 지키고 더 좋은 물로 만들려고 노력해야만 우리는 생활에 필요한 물을 안정적으로 공급받을 수 있단다.

우리나라는 물 부족 국가?

흔히들 우리나라는 물 부족 국가라고 알고 있어. 그래서 물을 아껴 써야 한다고들 하지. 물론 물은 많이 있건 없건 아껴 써야 해. 그렇지만 우리나라는 물 부족 국가는 아니야. 단지 산간 오지를 비롯한 일부 지역에서 물 사용이 불편할 뿐이지.

전국 각지에 만들어진 많은 댐을 설계했던 수자원 전문가 최석범 선생님은 '우리나라는 물이 부족한 나라가 아니다. 일부 지역의 물 사용이 불편한 것은 물 이용 시설을 확충하고 온 나라가 물을 아껴 쓰면 해결할 수 있다. 30년에 한 번 꼴로 발생하는 정도의 심한 가뭄을 잘 대비하면 우리나라는 물 사용에 큰 불편을 겪지 않을 수 있다'고 지적했어.

그래서 한 환경 단체가 정부에게 물어봤대.

"유엔이 언제 한국을 물 부족 국가로 지정했어요?"

정부가 뭐라고 했을까?

'유엔이 한국을 물 부족 국가라고 지정했다는 근거는 없다. 그런 표현을 쓰지 않겠다.'

이런 일이 있고 난 뒤 2006년에 정부의 '수자원 장기 종합 계획'이 발

표됐는데, 거기에 이런 내용이 들어 있어.

'우리나라가 물 부족 국가라고 했던 것은 인구 증가로 인한 물 부족을 경고하기 위한 것이었다!'

애초 '물 부족 국가'라는 말은 없어. 그건 '물 스트레스 국가'라는 말을 우리나라에서 번역하면서 만든 말이야. '물 스트레스 국가'가 뭐냐고? 폴켄마르크라는 학자가 '한 사람이 1년 먹을 식량 생산에 필요한 최소한의 물이 1100세제곱미터'라는 것을 기준 삼아서 나라별로 국민 한 사람당 물의 양이 얼마나 되나 계산해 봤대. 복잡한 게 아냐! 그냥

한 나라에서 1년 동안 쓸 수 있는 물의 양을 그 나라 인구 수로 나눈 거야. 그래서 그 값이 1000 이하면 물 기근 국가, 1000~1700 사이면 물 스트레스 국가, 1700 이상이면 물 풍요 국가라고 한 거야.

2007년을 기준으로 우리나라 국민 1인당 수자원량은 1553세제곱미터야. 폴켄마르크의 분류에 따르자면 '물 스트레스 국가'에 해당하는 수치이지. 폴켄마르크의 이런 분류는 미국의 한 민간 연구소가 낸 보고서에 인용됐어. 그 보고서가 유엔 산하 기구 가운데 하나인 유엔 환경계획기구의 자료에 재인용됐고, 우리나라 정부가 이 자료에 언급된 '물 스트레스 국가'를 '물 부족 국가'로 번역해 사용했던 거지.

잘못된 용어는 바로잡겠다고 했지만, 정부는 여전히 우리나라가 물 부족 국가여서 '우리나라의 물그릇을 키워야 한다'는 생각을 버리지 않은 것 같아. 강바닥의 모래와 흙을 퍼내고 강물을 가둘 시설을 만드는 사업에 착수했거든. 바로 '4대강 사업'이야. 아마 텔레비전이나 신문에서 많이 봤을 거야.

4대강 사업으로 우리나라 큰 강들의 생태 환경이 크게 악화됐다.

환경 단체들과 여론 조사 기관이 국민들에게 이 사업의 찬반을 물었을 때 국민의 70퍼센트가 반대한다는 사실이 밝혀졌지만, 정부는 끝내 4대강 사업을 강행했어.

4대강 사업은 한강, 낙동강, 금강, 영산강에 16개의 대형 보를 세워 강을 구간별로 커다란 호수로 만든 사업이야. 그 호수가 만들어지면서 이전보다 엄청나게 많은 물을 저장할 수 있게 됐지. 그런데 물만 많으면 뭐해? 예전처럼 물이 잘 흐르지 못하고 고여 있는 시간이 길어져서 수질이 나빠졌어. 더구나 우리는 지금까지 강물로 수돗물을 만들어 사용해 왔는데, 수질이 나빠지면 수돗물을 만들기 힘들어 지잖아. 수돗물 수질도 문제가 생길 수 있고.

'그렇지 않다. 물이 더 맑아진다!'고 정부는 4대강 사업을 걱정하는 시민들을 안심시켜 왔어. 그런데 보가 완성된 뒤 6개월이 지난 2012년 5월에 낙동강 하류 물금 취수장의 수질이 수돗물을 만들어 먹기 힘든 5급수까지 떨어졌어! 그리고 마침내 올 게 오고야 말았어. 6월부터 슬슬 녹조가 생기더니 8월이 되자 4대강 전체에 거대한 녹조가 번진 거야. 암을 일으킬 수도 있는 독성 조류까지 퍼지고 강물에서 고약한 냄새가 나기 시작했지. 물고기들이 떼죽음을 당해 떠오르는 일도 자꾸 일어났어.

애초 강을 칸칸이 막아 호수로 만들면 수질이 나빠진다고 환경 단체는 물론이고 국내외 여러 학자들이 그렇게 경고했을 때 정부는 이 사업을 다시 생각해 보고, 신중하게 접근했어야 했어. 그런데도 '아니다, 수질이 좋아질 것이다!'고 하면서 4대강 사업을 강행했지. 그리고 그예 사단이 난 거야.

정부는 아니라고 하면서도 한편으로는 정말 '수질이 나빠질까 봐 걱정'이 됐나 봐! 지난 2010년에 '부산에 먹는 물을 공급할 남강댐 물이 부족하다. 그러니까 지리산에 댐을 만들어서 물을 저장한 뒤에 그 물을 남강댐에 보충해 준다'는 또 다른 계획을 세웠어.

이 사업은 완전히 '돈 잡아먹는 하마'가 될 게 뻔했지. 결국 취소됐지만 정부는 포기하지 않고 2012년에 다시 식수용이 아니라 홍수 조절용 댐이라고 이름만 바꿔서 지리산댐을 추진하고 있어.

4대강 사업에 대해 정부도 이제는 다른 생각을 하고 있어. 감사원은 2013년 1월에 4대강 사업이 여러 가지로 부실한 사업이었다는 감사 결과를 발표했어.

강바닥의 모래와 자갈을 불필요하게 너무 많이 준설했고, 보와 수문 등 시설들은 튼튼하지 못하다는 거야. 더구나 수질 기준을 엉뚱한 것을 적용해 강물의 수질 관리를 제대로 못하고 있다는 걸 지적했지.

4대강을 이대로 놔 두면 수질 오염은 더 심해지고, 강의 생태계 피해가 점점 커진다. 그리고 시설 관리에 예산도 낭비된다!

현재, 환경 단체들과 과학자들은 이런 일을 피하기 위해서는 '4대강을 다시 자연 상태로 돌려놓아야 한다.'고 정부에 요구하고 있단다.

물을 아껴 쓰는 기술이 물을 확보하는 지름길

우리나라의 수자원 정책은 댐이나 보 같은 시설을 크게 많이 짓는 데 집중해 왔다. 물을 공급하는 능력을 키우는 쪽에 집중했던 것이다. 4대강 사업도 여기에 해당된다. 그런데 이런 인공 시설 위주의 사업은 환경에 너무나 큰 부담을 주기 때문에 문제가 된다. 우리나라는 이미 크고 작은 댐들이 지난 2012년 기준으로 1만 7735개나 전국의 강과 하천에 건설돼 있다. 따라서 이렇게 부담이 큰 댐 대신 물을 아껴 쓰고, 기존의 낡은 시설을 보수하고 잘 관리하는 게 효율적인 물 관리이자 물을 확보하는 지름길이 될 수 있다.

물의 미래와 민주주의

 미래의 물은 어떤 운명을 맞을까?

지금까지 인류가 물을 사용해 온 역사는 그다지 현명했다고 보기 어려워. 물을 오염시키고, 낭비하고, 물을 독점하려는 욕심 때문에 갈등과 분쟁을 일으켰거든. 기후 변화를 불러와 물의 위기를 키우고 자연 생태계를 훼손해 물이 만들어지고 순환하는 질서도 망가뜨렸지. 이런 어리석은 물 이용 현실은 우리가 중요한 진실을 제대로 인정하고 살지 않았기 때문이야.

우리가 제대로 존중하지 못한 첫 번째 중요한 진실은 바로 '물에 대한 권리는 사람이 가진 기본권'이라는 거야. 나아가 나의 물 기본권을 제대로 사용하지도 못했어. 내가 이기적으로 물을 이용하면 나의 물 기본권 행사가 다른 이의 물 기본권을 훼손할 수도 있다는 생각을 하지 못했던 거야.

또 하나 우리가 제대로 존중하지 못한 진실은, '물에 대한 권리는 사람만이 아니라 지구상의 모든 생물들이 가진 기본권'이라는 사실이야. 이것을 인정하지 못해 왔기 때문에 인류는 자연 생태계의 물을 오염시키고 고갈시켜 생물들의 대멸종을 불러오고 있어. 인류의 깊은 반성과 생물 다양성의 기초인 '생물들의 물'을 지켜내려는 책임 있는 자세가 필요해.

사람들의 물 기본권이 평등하게 존중받지 못하는 주된 이유는 주로 빈부의 격차 때문에 발생하고 있어. 가난한 나라와 사회는 기술과 재정이 부족해서 위생적인 물을 이용할 수 있는 물 이용 시설을 충분히 만들지 못하고, 또 가난한 개인들은 안전한 물을 사 마실 정도로 돈을 벌지 못하는 거지. 가난한 이들을 돕고 인류가 '함께 살자!'는 계획과 실천은 오래전부터 진행돼 왔어.

1981년에 유엔 총회에서 '물 및 위생의 10년 계획'에 세계 각국 정상들이 합의하는 역사적인 일이 있었어. '1990년까지 10년 동안 인류 모두에게 청정수를 제공한다'는 목표를 가진 야심찬 계획이었지. 하지만 10년 뒤에 이 사업 성과를 점검해 보니 불행하게도 결코 성공이라고 할 수 없었어. 성과가 원래 목표의 반에도 못 미쳤거든.

2000년대가 시작되자 유엔은 '새천년 개발 목표'를 새롭게 세우고 15년 동안 실천하기로 했어. 이 계획에서 물 부문의 목표는 '2015년까지 안전한 물과 위생의 혜택을 누리지 못하는 인류를 반으로 줄인다'는 거였어. 좀 더 구체적인 목표는 '인류 모두가 1인당 50리터의 안전한 물을 사용할 수 있도록 하자!'는 것이었지. 그리고 목표 대상이 된 사람은 16억 명이었고.

그런데 지난 2011년까지의 사업 결과를 살펴보면 목표 달성이 어려울 것 같아. 10억 명만 혜택을 누리게 되고 나머지 6억 명은 계속 물 때

미국을 비롯한 유럽 선진국들은 군사비에 어마어마한 돈을 쏟아붓고 있다. 이 돈에서 조금씩만 줄여 가난한 나라를 지원한다면 물 때문에 고통받고 있는 16억 생명들을 구할 수 있다.

문에 고통을 받을 것으로 보이거든.

두 번에 걸친 세계 정상들의 합의와 계획, 실천에도 불구하고 안전한 물에 관한 사업이 잘 되지 않는 까닭은 뭘까? 그건 주로 재정이 부족하기 때문이야. 새천년 목표를 달성하려면 2025년까지 매년 230억 달러의 비용이 필요하다고 해. 이 비용을 마련하기 어렵기 때문에 목표를 달성할 수 없는 거지. 그런데 정말 인류는 이 정도 재정을 마련할 능력이 없는 걸까?

2003년, 세계 각국의 국내 총생산을 합해 보니까 36조 달러나 됐어.

물은 상품이 아니라 생명이다.

그중에 1위인 미국의 국내 총생산이 11조 달러나 차지했지. 미국을 포함한 다른 잘사는 산업 선진국들까지 다 합치면 29조 달러나 돼. 반면에 가난한 나라들의 국내 총생산은 다 합쳐 봐도 1조1000억 달러에 불과했어. 이렇게 경제력 격차가 크기 때문에 가난한 나라들은 물 시설과 위생 시설을 세우고 운영할 비용을 마련할 길이 없는 거야.

　물은 태양의 도움을 받아 지구 전체를 순환해. 지구는 물을 비롯한 자연의 선물을 인류와 지구에서 살아가는 모든 생명체에게 주고 있지.

지구 생태계가 공짜로 주는 이 귀중한 선물을 우리는 현명하게 이용하고 있는 걸까?

거듭 말하지만 물은 생명을 가진 모두의 것이야. 민주주의는 차별 없는 평등이야. '물 민주주의'는 인류가 서로 차별하지 않고 물을 평등하게 나누고 슬기롭게 이용하는 걸 말해.

그런데 지구에 필요한 건 사람들만의 물 민주주의일까? 진짜 지구의 물이 평화를 얻으려면 거기서 더 나아가야 해. 사람만 중요하다고 생각하면 자연의 역습을 받게 되어 있어. 공평하고 정의로운 물 분배에 인간만이 아니라 다른 동식물들에게도 권리를 인정하는 것이 진정한 물 민주주의야.

지구의 물은 생각 없이 쓰고 버려도 될 만큼 많지 않아. 그래서 아껴 쓰라고 늘 이야기하지. 하지만 물을 아껴 쓰는 일보다 더 실천하지 못하는 게 있어. 물을 아껴 쓰고 이웃과 나누어 써야 한다는 '정신'이야. 물을 이웃과 공유하고 다른 생물들과 함께 쓰려는 정신, 평화롭게 또 현명하게 이용하려는 의지 말이야.

이제부터라도 우리가 물을 현명하고 정의롭게 이용하는 씨앗이 되자. 46억 년 전 우주에서 생겼던 물의 씨앗들처럼 우리가 물 때문에 분쟁과 갈등을 겪는 세상에서 평화롭고 안전한 물을 만들어 가는 거야. 물은 우리 인간은 물론 이 지구상에서 살아가는 모든 생명체의 것이니까 말이야.